Zu diesem Buch

Die zunehmende Psychologisierung jeglicher Krankheit, darunter Dethlefsen & Dahlkes Theorie von der «Krankheit als Weg», wird von der Autorin vehement kritisiert. Ihr Essay, der stellenweise einer Streitschrift gleicht, mündet in eine äußerst präzise und prägnante Darstellung seriöser Theorien und wissenschaftlicher Ansätze, so der relativ neuen Psychoneuroimmunologie, die das Zusammenspiel von Körper und Geist kompetent beleuchten.

Die Autorin

Karin Spaink, geboren 1957, arbeitete u. a. als Englischdozentin und Systemprogrammiererin. Seit Anfang der achtziger Jahre ist sie als freie Schriftstellerin tätig und schreibt für verschiedene Zeitungen. Sie lebt in Amsterdam.

Karin Spaink

KRANKHEIT ALS SCHULD?

*Die Fallen der
Psychosomatik*

Deutsch von
Helga van Beuningen

rororo medizin und gesundheit
Lektorat Heike Wilhelmi

Deutsche Erstausgabe
Veröffentlicht im Rowohlt Taschenbuch Verlag GmbH,
Reinbek bei Hamburg, April 1994
«Krankheit als Schuld?» Copyright © 1994 by
Rowohlt Taschenbuch Verlag GmbH,
Reinbek bei Hamburg
Die niederländische Originalausgabe erschien 1992
unter dem Titel «Het strafbare Lichaam»
im Verlag De Balie, Amsterdam
Copyright © 1992 by Uitgeverij De Balie, Amsterdam
Umschlaggestaltung Nina Rothfos
Satz Sabon (Linotronic 500)
Gesamtherstellung Clausen & Bosse, Leck
Printed in Germany
990-ISBN 3 499 19547 X

INHALT

Einführung   7

Die Ohrenmafia   9
  Die Enteignung des Körpers   13
  Das alternative Penicillin   15
  Wachstum ohne Grenzen   19
  Die Welt als Spiegel der Seele   22
  Krankheit als Beweis   24
  Kreuzritter Aids   27
  Der Körper als Schlachtfeld   35
  Der geliehene Körper   41
  Survival of the fittest   45
  Wille versus Schicksal   49

Die Therapeuten   57

Krankheit als Schuld?   63
  Krankheit – ein Zusammenspiel vieler
  Faktoren   66
  Von der Vorläufigkeit endgültiger
  Erklärungen   72
  Krebs und das Wetteramt   77
  Streß ist nicht gleich Streß   81
  Der Placebo-Effekt   87
  Hoffnung, Einfluß und falsche Hoffnung   93
  Gesundheit als Bürgerpflicht   103
  Medizin im Angebot   105
  Die Grenzen des Machbaren   111

Literatur   116
Anmerkungen   118

EINFÜHRUNG

In den letzten zehn Jahren sind zahlreiche Bücher erschienen, in denen unkonventionelle Gedanken zu Gesundheit und Krankheit entwickelt werden. Ein Teil der Autoren (wie Louise Hay und Thorwald Dethlefsen) zählt sich zur New-Age-Bewegung, andere (wie etwa Bernie Siegel) sind an deren Peripherie angesiedelt. Sie üben in ihren Büchern handfeste Kritik an der Medizin: Sie sei zu technisch, reduziere den Menschen auf einen kranken Körperteil und räume Patienten wenig Einfluß ein. Vielleicht ist es gerade diese Kritik, die Menschen zu derartigen Büchern greifen läßt, quasi als Ergänzung zur Schulmedizin; jedenfalls erfreuen sie sich großer Popularität und gehen in zigtausend Exemplaren über den Ladentisch.

Was diese Autoren gemein haben, ist der Denkansatz, Krankheiten und Kranksein in ihrem psychosozialen Kontext zu betrachten und die Frage nach ihrem Sinn zum Ausgangspunkt zu machen. Auf dieser Basis erteilen sie dann Ratschläge, wie Krankheiten zu heilen seien. Ihre Argumentation läuft, kurz gesagt, darauf hinaus, daß Krankheit ausschließlich mit falschen Denkweisen zusammenhänge; um wirklich gesund zu werden, müßten wir zunächst einmal geistig gesund werden. Dieser Gedankengang – daß Krankheit und Genesung sich zwischen unseren Ohren abspiele – hat mich dazu veranlaßt, diese Autoren unter dem Oberbegriff *Ohrenmafia* zusammenzufassen. Ihre Ideen werden in der ersten Hälfte dieses Buches einer kritischen Betrachtung unterzogen.

Die Theorien dieser *Quackdenker* sind nicht vom Himmel gefallen. Sie knüpfen an Vorstellungen von Krankheit und Gesundheit an, die bereits länger existieren. Diese werden im zweiten Teil diskutiert.

«Körper und Geist sind eins», behauptet die Ohrenmafia und beschreibt unseren Körper infolgedessen als getreues Abbild unseres Geistes. Das ist natürlich Unsinn. Wie die medizinische Wechselbeziehung zwischen Körper und Geist aussehen könnte, untersucht eine relativ junge wissenschaftliche Disziplin, die Psychoneuroimmunologie. Ihre Vertreter versuchen zu erforschen, welche Rolle Reaktionsmuster und seelische Verfassung auf unsere Anfälligkeit für bestimmte Krankheiten spielen. Gleichzeitig werden Phänomene wie der Placebo-Effekt (Scheinmedikamente schlucken und trotzdem gesünder werden) sowie die Beeinflussung des Abwehrsystems durch den Geist untersucht. Entwicklungen dieser Art werfen ein neues Licht auf die Aspekte Gesundbleiben und Krankwerden. Aber auch hier tendiert man allzu leicht zum kausalen Denken und kehrt viele Fragen unter den Teppich.

Eine weitere Entwicklung, an die die Ohrenmafia anknüpft, ist die der individuellen Verantwortung für die Gesundheit. Gesund zu bleiben scheint fast so etwas wie eine Bürgerpflicht geworden zu sein. Das Gegenstück zu dieser Pflicht ist die Angst vor Krankheit, eine Angst, die um jeden Preis beschworen werden muß.

Möglicherweise wirft dieses Buch neue Fragen auf; eine schlüssige Theorie über Krankheit und Gesundheit bietet es jedenfalls nicht. Irgendwann werden wir vielleicht verstehen, weshalb Menschen krank werden; *Heilen* indes bleibt schwieriger, als uns lieb ist.

P. S. Dank an Bart Lammers, Liesbeth Garritsen, Antoine Verbij und Annemarie Mol.

DIE OHRENMAFIA

Unser Bewußtsein wird vom Körper gespeist, in dem es sich entwickelt. Was wären wir ohne die Möglichkeit, körperlichen Schmerz zu empfinden? Und dieses Wesen, dieser Lasher, hat nie geblutet, hat noch nie die kleinste Wunde gehabt. Er ist nie durch Hunger geläutert worden oder durch Überlebensdrang geschärft. Er ist eine amoralische Intelligenz.
Anne Rice: The Witching Hour, S. 956.

Warum ich. Warum *ich*?

Diese Frage ist, fürchte ich, sowohl die am häufigsten gedachte und am häufigsten verschwiegene als auch die komplizierteste Frage von Menschen, die wegen einer mehr oder weniger schweren Krankheit in den Medizinbetrieb geraten. Diese eine Frage schließt eine erdrückende Zahl von Prämissen ein, die sich gerade deshalb so schwer entwirren lassen, weil das scheinbar so simple Wort *warum* zwei Bedeutungen umfaßt. Wir fragen damit gleichzeitig nach dem *Wie* der Krankheit, ihrer Entstehungsgeschichte, und nach dem *Sinn* der Krankheit, beziehungsweise nach deren Platz in unserem Leben.

Zunächst einmal impliziert die Frage, daß wir aus dem komplexen Gefüge möglicher Faktoren (wie etwa angeborene oder erworbene physische Defekte und Schwächen, soziales Umfeld und soziale Verhältnisse, Verhalten und Lebensweise) einen einzigen herauslösen könnten, der für die Entstehung einer Krankheit bestimmend gewesen sein soll. Diese Frage entspringt dem Bedürfnis, einen simplen Kausalzusammenhang zu benennen. Zweitens legt die Frage die Betonung stärker auf den Einzelnen als auf die Krankheit. Wir fragen uns, sobald wir selbst erkrankt sind, nicht länger, weshalb Krebs, Multiple Sklerose, Bandscheibenvorfälle, Gehirnblutungen, Parkinson, rheumatische Arthritis oder Asthma in unserer Gesellschaft so häufig auftreten, sondern nur noch, warum wir selbst jetzt an dieser Krankheit leiden – eine Reaktion, die wir in der Regel nicht zeigen, wenn es sich um Masern, eine Grippe oder eine schwere Stirnhöhlenvereiterung handelt. In dem Fall streichen wir vielmehr den sozialen Charakter der Krankheit heraus: Sie grassiert, ist epidemisch oder gehört zum gesunden Durchlaufen der Kinderjahre. Drittens legt die Frage die Betonung auf die Person, nicht auf deren Körper. Gerade die fehlende Frage nach dem Eigensinn des Körpers impliziert den Gedanken, unser Verhalten, unsere Lebensweise, unsere Persönlichkeit, in einem Wort: unser bewußtes «Ich» beeinflußten den Körper mehr als der Körper selbst. Und schließlich suggeriert diese Frage, daß sich in der Krankheit ein Sinn entdecken lasse, daß nicht jede Antwort unweigerlich eine weitere Frage nach sich ziehe – denn: Ich mag zwar geraucht haben, aber weshalb bekommen andere Raucher keinen Krebs, warum versagt gerade mein Abwehrsystem, warum bin ich anfälliger –, daß Abstraktionen wie Gott, Schicksal oder Zufall letztlich jemals verzichtbar würden.

Die Crux ist, daß die Frage «warum ich?» impliziert, dem Kranken sei etwas widerfahren, was ihm nicht hätte zu widerfahren *brauchen*, mit anderen Worten: daß ihn etwas getroffen hat, das genausogut einen anderen hätte treffen können, aber eben nicht traf; ein Unterschied, der natürlich Fragen nach sich zieht. Warum traf dieses Schicksal mich, warum suchte es mich aus? Warum hat mein Nachbar es nicht, aber ich? Habe ich etwas getan, um es zu bekommen? Habe ich etwas falsch gemacht? Wie hätte ich es verhindern können? Welche Bedeutung verbirgt sich dahinter?

Wir denken nicht an Zufall, wir denken an Moral. Krankheit ist eng verbunden mit Vorstellungen von Schuld und Sühne, Strafe und Vergehen.[1] Das zeigt sich zum Beispiel an dem Vokabular, das sich um Kranksein und Krankheiten rankt. Wir sprechen von «befallen» sein, von einem «bösartigen» Tumor, einem «rezidivierenden» Krebs oder einem «heimtückischen» Virus – die Krankheit ist eine Übeltäterin, der wir zum Opfer fallen, und nur in dem Fall, wenn wir nicht an ihr sterben oder auf lange Zeit von ihr geplagt werden, bezeichnen wir sie als «harmlos». Im anderen Fall fragen wir uns, was wir getan oder verbrochen haben, um dieses Schicksal auf uns herabzurufen: Wir finden es «ungerecht», daß wir krank sind, und zermartern uns den Kopf mit der Frage, womit wir das «verdient» haben und ob das vielleicht «der Preis» sei, den wir für unsere Lebensweise «zu zahlen haben». Krankheit ist dabei der Tribut, die Art und Weise, in der der Körper uns für unsere Verfehlungen oder unsere Fahrlässigkeit straft. Nur Leiden vermag die Schuld von uns zu nehmen.

Es fällt auf, daß solche Gedanken von Strafe und Schuld bei lästigen, aber relativ leicht zu heilenden Leiden kaum zu hören sind. Niemand zerbricht sich den Kopf über die Gründe für seine Kurzsichtigkeit, einen entzündeten Zahn, Hämorrhoiden, Hammerzehen, eine Blinddarmentzündung, Nierensteine oder einen eiternden Finger. Wir besorgen uns ein Rezept für eine Salbe oder eine Brille und lassen zertrümmern oder schneiden, ändern eventuell unsere Diät – und damit hat's sich.

Krankheiten und Leiden, die wir verstehen oder zu verstehen glauben, werden nicht mit existenziellen Fragen umrankt. Masern und Grippe, Blasen- und Lungenentzündung, Erkältung und Tuberkulose, Mumps und Kinderlähmung sind ein für allemal freigesprochen; das Gemeingut gewordene Wissen um die globale Wirkungsweise von Viren und Bakterien hat – zusammen mit der Tatsache, daß es für solche Krankheiten heutzutage relativ einfache Mittel gibt wie Auskurieren, Schutzimpfungen und Penicillin – zur Folge, daß wir uns kollektiv der Notwendigkeit entbunden fühlen, hinter einer solchen Krankheit noch eine andere, eher moralisch gefärbte Ursache zu suchen. Susan Sontag hat ausführlich beschrieben, wie gleichzeitig mit der Entdekkung der Ursachen der Tuberkulose und der Entwicklung von Gegenmitteln moralische Typisierungen des Tb-Patienten verschwanden.

Auch ernstere und potentiell tödliche Krankheiten wie Diabetes oder Herzklappenfehler sind in unserer Wahrnehmung gewöhnlich so fest in einer Erklärung verwurzelt, einer Erklärung, die auf der Autonomie des Körpers basiert, daß derartige Anomalien keinerlei Fragen moralisch-psychologischer Art nach sich ziehen. Krankheiten dieser Kategorie betrachten wir als Fehler im körpereigenen Haushalt, als angeborenen Defekt.

Die Frage «warum ich?» stellt sich kurzum immer dann, wenn eine schwere Erkrankung, das Fehlen einer epidemologischen oder allgemein akzeptierten, möglichst eindeutigen physiologischen Erklärung sowie das Fehlen einer adäquaten, auf Heilung oder Stabilisierung abzielenden Therapie zusammentreffen. Unter solchen Umständen versagt jede Antwort, allein schon aufgrund der schmerzlichen Feststellung, daß unsere Mittel versagen und unser Verständnis der betreffenden Krankheit unvollkommen ist. Die Frage «warum ich?» ist aus demselben Grund vor allem Anlaß zu endlosem und unaufhörlichem Herumgestocher in der Seele des Kranken, in der Hoffnung, einen Sinn im Kranksein zu finden.

Nur dann läßt sich die Frage nach dem Wie und Warum der Krankheit beruhigt ad acta legen. Schließlich hat, wenn die Krankheit einen Sinn bekommt, der Kranke rückwirkend doch noch eine Erklärung für ihre Entstehung gefunden. Dieser Sinn fehlte natürlich, bevor der Betreffende erkrankte und es eine erklärungsbedürftige Krankheit gab.

Krankheit wird etwas, was zu Sinngebung zwingt und gleichzeitig Sinngebung bewirkt, ja, vielleicht sogar Sinngebung *ist*. Damit haben wir eine Argumentation, die auf sich selbst verweist, eine Tautologie, mit der sich viele zufriedengeben. Unbemerkt wird so das medizinische Erklärungsmodell gegen ein psychologisches eingetauscht.

Die Enteignung des Körpers

Diese Tauschaktion wird im Augenblick immer offener gefordert, nicht zuletzt als Reaktion auf die heutige, angeblich zu rational gewordene Medizin. Diese nehme zu wenig Rücksicht darauf, was es für einen Menschen bedeute, krank zu sein. Auf funktionaler Ebene wird nach Anomalien und Ursachen gesucht, die die Krankheit erklären könnten. Und obwohl Wissenschaftler sich auf diese Weise immer tiefer in den Körper versenken und Zellstrukturen untersuchen oder die DNA in der Hoffnung aufdröseln, Licht auf die Entstehung von Krankheiten werfen zu können, bietet ein solcher Ansatz (es sei denn, er ließe sich unmittelbar in eine Therapie umsetzen) kranken Menschen nur selten eine Perspektive. Die Informationen über die Art ihrer Krankheit werden dadurch eher unbegreiflicher, fast mystisch: Wer kann sich noch etwas vorstellen unter einem Gendefekt am Chromosom 19 oder unter Myelinolyse?

Hinzu kommt, daß Untersuchungen und Behandlungen stark entfremdend auf Patienten wirken.[2] Es ist enthüllend und erschreckend, wenn man erfährt, was sich an einem Körper alles messen, fotografieren, zählen, wiegen oder sonstwie überprüfen läßt. Der Körper zerfällt unter den Händen medizinischer Spezialisten in zahllose Funktionen, die jede für sich benannt, erfaßt und in Zahlen ausgedrückt werden kann: Soundsoviel Prozent Funktionsverlust, soundsoviel Prozent Abweichung, Chancen auf Verschlechterung oder auf Gesundung. Die Sprache, in der solche Befunde verfaßt werden, ist zumeist technisch: Es geht nicht darum, wie wohl oder ausgeruht oder stark sich jemand noch fühlt, sondern um die Leitfähigkeit der Nerven, die Zahl der T-Helferzellen, die Stabilität der Blutkörperchen, die Knochenstruktur, den Zerfall des Muskelgewebes, die Elastizität von Aderwänden, das Anschlagen einer Kur.

Bei einem derartigen Wust von Untersuchungen und Behandlungen ist es schwer, den subjektiven Körper im Auge zu behalten. Der Körper eines Patienten wird in seinen Einzelteilen benannt und behandelt, und zwar in möglichst objektiven Bezeichnungen. Aus medizinischer Sicht ist dies eine notwendige und sinnvolle Vorgehensweise, aber im normalen Alltag bedeutet dies einen Bruch mit dem Körpererleben.

Und dabei hatten wir es bereits mit einem Bruch zu tun: Die Krankheit selbst bewirkt in der Regel schon ein starkes Gefühl der Entfremdung. Von der so selbstverständlichen Harmonie, mit der man seinen Körper erlebte, der Mühelosigkeit, mit der man davon ausging, der Körper werde ohne groß nachzudenken die gewünschten Handlungen ausführen, bleibt im Falle einer schweren Erkrankung nicht viel übrig. Es entsteht eine dramatische und häufig ziemlich abrupte Diskrepanz zwischen dem Willen und den physischen Möglichkeiten, die vor allem Menschen, die mit einer fortschreitenden Krankheit zu kämpfen haben, das Gefühl vermitteln, mit ihrem eigenen Körper nichts mehr zu tun zu haben. In ihrem Inneren passiert alles mögliche, worauf sie, und oft auch die Mediziner, keinen Einfluß mehr haben. Der Körper wird unberechenbar und damit leider auch unzuverlässig: Was gestern noch leicht ging, gelingt heute nur noch mit Mühe, was heute noch möglich ist, ist in einem Monat vielleicht schon unmöglich. Die Folge davon ist, daß man sich manchmal verwundert betrachtet, daß man sich ansieht, was der eigene Körper tut oder verweigert: Plötzlich zeigt ein Muskel einen Tic, wird die Zeitung eine große, graue Fläche, läßt ein Fuß sich nicht mehr heben oder stößt man eine Tasse um, weil man seine Hand nicht mehr steuern kann. Man wird zum Zuschauer des eigenen Körpers, versucht ihn im Auge zu behalten, um Anzeichen zu erkennen oder Entwicklungen zu verfolgen. Der Körper steht auf einmal «neben» einem und zeigt eine eigene, nicht nachvollziehbare Entwicklung.

Der kranke Mensch erlebt somit eine Enteignung seines Körpers; zunächst durch die Krankheit selbst, später durch den Medizinbetrieb, in den er gerät. Trotz der sogenannten «Protoprofessionalisierung des Patienten» (das heißt der Tatsache, daß

Kranke sich in ihren «Fall» vertiefen und sich die dazugehörige medizinische Terminologie aneignen) fühlen viele Patienten sich dem Arzt völlig ausgeliefert und mit unverständlichen Auskünften überschüttet.

„Das alternative Penicillin"

Dieses Gefühl der Ohnmacht ist der Anknüpfungspunkt für die Ohrenmafia. Sie behauptet, medizinisches Handeln beschränke sich auf rein funktionale Maßnahmen und habe sich in ein ausschließlich technisches Eingreifen verstrickt. Die Medizinwelt verhalte sich zu sehr so, als sei ein kranker Mensch ein kaputtes Auto: Heilen sei verkommen zum Reparieren. Einige dieser Autoren behaupten, selbst die Reparaturmethode zeige nicht genug Erfolg. Die Beschwerden verschwänden nicht oder tauchten in anderer Form wieder auf. Ted Troost über Physiotherapie: «Ein wertloser Beruf (...) Ich erlebe, daß Patienten mit ihren Beschwerden immer wiederkommen.»[3] Auch hinsichtlich des Nutzens der Ärzte äußert er sich pessimistisch: «Das Eigenartige daran ist, daß wir mit solchen Lösungen, den Pillen und Pülverchen, das Pferd von hinten aufzäumen. Eine physische Lösung zu finden trägt nicht dazu bei, die psychischen Beschwerden abzustellen.»[4] Dethlefsen ist sich mit Troost einig: «An diesem Punkt scheitert bisher die Arbeitsmethode der Medizin. Sie glaubt, durch Entzug der Ursachen Krankheit unmöglich machen zu können, und rechnet nicht damit, daß Krankheit so flexibel ist, sich neue *Ursachen* zu suchen und zu finden, um sich weiterhin zu verwirklichen.»[5]

Der Grund dafür, daß Krankheiten wiederkehren oder daß Patienten, von der einen Beschwerde geheilt, bald darauf eine neue entwickeln, ist diesen Autoren zufolge darin zu suchen, daß die *wirkliche* Ursache der Krankheit nicht in dem Bereich liege, in dem die Medizin sie suche. Nicht die Umgebung, die Umwelt, die Ernährung, eine herabgesetzte Widerstandskraft, eine körperliche Prädisposition, eine Bakterie oder ein Virus sei letztlich der Krankheitserreger. Dethlefsen: «Hingegen halten wir die Suche nach den Krankheitsursachen für die große Sackgasse in Medizin und Psychologie. Zwar wird man immer Ursachen finden, solange man danach sucht, doch (...) das Ursachenkonzept kann nur halbwegs durchgehalten werden, weil man die Frage nach der Ursache an einem beliebigen Punkt abbricht. So kann man die Ursache einer Infektion in bestimmten Erregern entdecken, wodurch sich jedoch die Frage aufdrängt, warum in einem speziellen Fall dieser Erreger zur Infektion führte. Den Grund dafür mag man in einer verminderten Abwehrlage des Organismus finden, was wiederum die Frage nach der Ursache dieser Abwehrschwäche aufwirft. Dieses Spiel kann man unendlich lange fortsetzen (...)»[6]

Die wahre Ursache sei auf einer anderen Ebene zu suchen. Die Autoren landen allesamt bei der These, die psychische Verfassung eines Menschen sei das fehlende Glied, wenn man wirklich begreifen wolle, wie Krankheit entsteht. Der Mensch habe selbst die Finger im Spiel beim Entstehen seiner Krankheit, und umgekehrt ließen sich Krankheiten bekämpfen, wenn man sein Leben selbst in die Hand nehme. Die persönliche Ohnmacht des Patienten gegenüber der Krankheit und die gesellschaftliche Ohnmacht von Patienten gegenüber Ärzten werden so in *einer* Theorie zusammengeworfen.

Als Argument dafür führen diese Autoren an, es gebe viele Menschen, die von tödlichen Krankheiten geheilt wurden (vor allem Krebsfälle werden hier oft zitiert), und anderen sei es gelungen, den Krankheitsverlauf in die Länge zu dehnen oder zu stabilisieren – anderslautenden ärztlichen Prognosen zum Trotz. Diese Menschen hätten ihre Heilung dadurch herbeigeführt, daß sie ihre gesamte Energie darauf verwandt hätten, *sich selbst* zu ändern. Denn, so argumentieren diese Autoren, inzwischen stehe fest, daß Streß und Unzufriedenheit das Immunsystem schwächten und den Körper dadurch krankheitsanfällig machten. Damit liegt, umgekehrt argumentierend, auf der Hand, daß

Persönlichkeitsveränderungen den Körper heilen können. Siegel: «Wir wissen bis jetzt noch nicht ganz genau, auf welche Weise die chemischen Stoffe im Gehirn mit den Emotionen und Gedanken in Beziehung stehen, aber der springende Punkt ist, daß unsere geistige Verfassung eine sofortige und direkte Wirkung auf den Zustand unseres Körpers ausübt.» Seine Schlußfolgerung lautet daher, daß wir «den Zustand des Körpers verändern [können], indem wir ihn durch die Art und Weise, wie wir fühlen, heilen. Wenn wir unsere Verzweiflung ignorieren, empfängt der Körper die Botschaft ‹Stirb!›. Wenn wir mit unserem Schmerz umgehen und Hilfe suchen, dann lautet die Botschaft: ‹Das Leben ist schwierig, aber wünschenswert›, und das Immunsystem tritt in Funktion, um uns am Leben zu erhalten.»⁷

Diese Autoren gehen davon aus, *alle* Krankheiten seien auf diese Weise zu heilen; sie gehen sogar noch einen Schritt weiter und behaupten, wenn unser Denken uns heilen könne, so müsse es auch unser Denken sein, das die Krankheit ausgelöst habe. Sie alle betrachten Kranksein als Signal unseres Körpers, daß etwas nicht in Ordnung sei an der Art und Weise, wie wir uns selbst sehen, und infolgedessen auch an der Art und Weise, wie wir anderen begegnen. Myss: «Krankheit ist eine unbewußte Veränderung (oder eine Entscheidung, die wir getroffen haben, indem wir etwas unterließen), die sich im Körper eines Individuums manifestiert, weil der Betreffende: 1. nicht den Mut hat, dem ins Auge zu sehen, was in seinem Leben nicht richtig funktioniert; 2. nicht glaubt, daß Streß Einfluß auf seinen Körper haben kann; oder 3. noch nicht die Fähigkeit der Selbsterforschung und Introspektion entwickelt hat, die es ihm ermöglichen würde, Art und Ursache seines Stresses zu analysieren und diesen Streß auf dem Wege positiver Kanäle zu beseitigen.»⁸

Wenn wir in der Lage seien, diese falschen Denkweisen zu ändern, so werde die Krankheit verschwinden; sie sei dann überflüssig. Hay: «Ich glaube, daß wir jede sogenannte ‹Krankheit› in unserem Körper selbst hervorrufen. Der Körper, wie alles andere im Leben, ist ein Spiegel innerer Gedanken und Überzeugungen. Der Körper spricht immer zu uns, wenn wir uns nur die Zeit nehmen, ihm zuzuhören. Jede Zelle Ihres Körpers antwortet auf jeden einzelnen Gedanken, den Sie denken und auf jedes Wort, das Sie sprechen.»[9] Murphy: «Es gibt keine körperliche Erscheinung, die nicht zuerst geistige Vorstellung gewesen wäre, und indem Sie Ihren Geist unaufhörlich mit positiven Gedanken sättigen, verwandeln Sie gleichzeitig auch Ihren Körper. Dies allein ist der Grund, die Ursache und Quelle aller Heilungen.»[10]

Sogar der relativ nüchterne Siegel läßt sich zu weitreichenden Aussagen hinreißen: «Deshalb halte ich auch an meiner Hoffnung und Überzeugung fest, daß es keine unheilbaren Krankheiten, sondern nur unheilbare Menschen gibt.»[11] Wenn die Persönlichkeit genese, erübrige sich schließlich der Grund, krank zu sein. «Fast hat es den Anschein, als würde der Betreffende neu geboren und legte das alte Selbst zusammen mit seiner Krankheit ab und wäre daher fähig, (diese) als etwas Eigenständiges anzusehen, das mit dem neuen Selbst nichts zu tun hat.»[12] Der kranke Mensch ist eine Raupe, der geheilte der Schmetterling.

Die alltäglichere medizinische Vorgehensweise betrachten diese Autoren als offensichtlich unzureichend: Da das Grundproblem – das, wie gesagt, nicht physischer, sondern psychischer Natur sei – dadurch nicht gelöst werde, werde die betreffende Person in absehbarer Zeit eine neue Krankheit entwickeln. Kranksein stecke zwischen den Ohren und Krankheit lasse sich am besten dadurch bekämpfen, daß man besser auf sich selbst höre. Dann folge die Heilung von selbst. Schließlich gelte: «Glückliche Menschen werden im allgemeinen nicht krank, das ist die ganze Wahrheit» und das Teilen von Ängsten und Problemen mit anderen führe zur Entlastung und Heilung des Körpers.[13] «Alternative Therapien und Methoden beruhen auf der Prämisse, daß der Körper genest, wenn zunächst einmal Denken, Gefühle und Geist geheilt werden.»[14] «Krank zu werden läßt sich verhindern, wenn man nach geistiger Gesundheit strebt.»[15]

Die Viren und Bazillen, die den modernen Menschen aus der

Sicht dieser Ohrenmafia bedrohen, heißen Haß, Groll, Angst, Neid, Selbsthaß, Kritik, Schuld- und Minderwertigkeitsgefühle; Selbstakzeptierung und Liebe sind das alternative Penicillin.

Wachstum ohne Grenzen

Es liegt nicht in meiner Absicht, diese Therapeuten über einen Kamm zu scheren. So unterscheiden sie sich beispielsweise sehr in bezug auf die Reichweite, die sie ihren Methoden zusprechen. Hay, Murphy und Troost gehen im Gegensatz zu Dethlefsen, Siegel und Myss davon aus, daß sich ihre Methode auf wirklich jedes Gebiet anwenden lasse und dort Erfolg haben werde: auf den Beruf, auf Beziehungen, Gesundheit, Geld und Liebe; ja, sogar bessere Babys bekämen wir auf diese Weise. Wenn eine Schwangerschaft nicht einfach so zustandekommt, sondern mit «einer positiven Einstellung zu diesem Entschluß», so sind «Samen und Ei von besserer Qualität». Wird die Frucht dann auch noch «haptonomisch betreut», so gibt es deutlich nettere Kinder. Solche Kinder «sind ruhig und wach (...) Sie reagieren stets mit einem Lachen und erschrecken über nichts. Diese Kinder sind anders (...) Sie entfalten bereits sehr früh eine Eigenverantwortlichkeit und verhalten sich autonom.»[16] Befaßt Siegel sich hauptsächlich mit Krebs, so glauben Hay, Dethlefsen und Myss, sie könnten mit ihrer Methode jede Krankheit und jedes Leiden erreichen.

Murphy hat das Objekt der Religion von oben nach innen verlagert, hofft aber weiter auf Wunder. Sein Vorteil ist, daß das Unterbewußtsein sich leichter beeinflussen zu lassen scheint als Gott. Troost ist trotz seiner mitunter kuriosen Philosophien und seines Plaudertons ein Fachmann, der überdies mehr tut, als nur die Seele seiner Klienten auf den Seziertisch zu legen. Er hat praktische Dinge zu bieten, wenngleich es besorgniserregend ist, daß offensichtlich sogar Berührungen für therapeutische Zwecke eingespannt werden können. Und trotz der Infantilisierung, in die Siegel seine Patienten treibt – es ist keine gute Entwicklung, wenn ein Chirurg sich in erster Linie als Psychiater aufspielt und eine Zeichnung zum Beweis dafür verlangt, daß sein Patient sich auch unbewußt der Operation unterziehen will –, macht er sich aufrichtige Sorgen über die Gefühllosigkeit, die er bei zu vielen Ärzten erlebt, und über die Mühelosigkeit, mit der jeder das höchste Heil im Schneiden, Bestrahlen und Pillenschlucken erblickt. Außerdem liebt er rebellische Typen, was für ihn spricht: Viele Autoren in diesem Bereich verschreiben sich einem harmonischen, auf ein äußerst oberflächliches psychologisches Denken gegründeten Menschenbild, das auf die simple Verdrängung komplexer Konflikte hinausläuft und mit einer tüchtigen Portion «Einswerden mit allem» übergossen ist. Troost und Siegel sind jedenfalls angenehmer als Myss, Hay und Dethlefsen, die Crème de la crème der New-Age-Bewegung, die um jeden Preis die gesamte Welt in ihr Denkschema zwängen will und in bezug auf die Reichweite ihrer Ansichten und Methoden höchst anmaßend ist. Kein Fehltritt, kein Leiden, kein Thema und keine Entwicklung entgeht ihrem spähenden Blick.

Bei aller Berücksichtigung dieser unterschiedlichen Seh- und Vorgehensweisen gibt es doch eine Reihe auffälliger Übereinstimmungen. So glauben alle Autoren fast uneingeschränkt an die Kraft und Wirksamkeit des Denkens, womit sie übrigens nicht den Verstand meinen – dem begegnen sie eher mit Mißtrauen. Troost will mit seinem Buch das Denken zugunsten des Gefühlslebens untergraben. Schließlich werde, wenn wir «uns auf intellektuelle Sinne verlassen», das heißt auf Augen und Ohren, «die Wahrnehmung rational verarbeitet und ist ans Denken gebunden. Es versteht sich von selbst, daß dies eine emotionale Verarmung bedeutet (…) Der Verstand behindert folglich das Gefühl».[17] Die Ratio setzen diese Therapeuten weitgehend gleich mit Rationalisierungen, d.h. logisch klingenden Behauptungen, mit denen Menschen ihre psychischen Ängste und Schwächen zu vertuschen oder zu rechtfertigen versuchen. Das andere, das heilende Denken, das sie meinen, ist emotionales Denken; es betrifft die Gedanken, die unser Selbstbild formen und gleichzeitig bestimmen, wie wir der Welt entgegentreten. Sie sind felsenfest davon überzeugt, daß wir durch den zielbewußten und gezielten Einsatz dieser Kraft, dieser Art, über uns selbst zu denken, die Qualität unseres Lebens beträchtlich verbessern können. Wir können wachsen.

Siegel, Myss und Dethlefsen sind in diesem Punkt zurückhaltend. Glaubt man dagegen den anderen Autoren, so sind die Resultate dieses positiven Denkens ungezählt, ja grenzenlos, überschreiten sie doch körperliche und geistige Begrenzungen. Einige Zitate dazu. Murphy: «Diese wunderwirkende, magische, alles verwandelnde Kraft (wird) alle vom Leben geschlagenen Wunden des Geistes und des Körpers heilen, die angstgequälte Seele trösten und Sie für immer vom Druck der Armut, des Mißerfolgs, des Elends, des Mangels und der Enttäuschung befreien.»[18] Und Hay: «Ich finde, wenn wir uns *genauso* lieben, akzeptieren und *anerkennen, wie wir sind*, funktioniert einfach alles im Leben. Es ist, als ob überall kleine Wunder geschehen. Unsere Gesundheit bessert sich, wir kommen zu mehr Geld, unsere Beziehungen werden erfüllter und wir fangen an, uns kreativ anspruchsvoller auszudrücken.»[19] Sogar Armut ist Murphy zufolge «eine geistige Krankheit» und laut Hay «eine Überzeugung in deinem Bewußtsein», die wir daraus verbannen können. «Wenn Sie mit Widerwillen bezahlen, wird es das Geld schwer haben, zu Ihnen zurückzukehren. Wenn Sie mit Liebe und Freude bezahlen, öffnen Sie den frei strömenden Fluß des Wohlergehens.»[20] Positives Denken als Kapitalisierung des Geistes.

Dieses Wuchern mit dem Denken taucht häufig auf: Das Unterbewußtsein wird auffallend oft mit einer Bank verglichen. «Ihr Unterbewußtsein ist wie eine Bank, eine Art Finanzierungsstelle für alle Wünsche. Was Sie auf dieses Konto an Gedanken und Wünschen einzahlen (...), wird sich mit Zins und Zinseszins vermehren.»[21] «Das Universum kann mir nur das zuteilen, was ich in meinem Bewußtsein habe; aber in meinem Bewußtsein kann ich *immer mehr* schaffen. Es ist wie eine kosmische Bank. Ich tätige geistige Einzahlungen, indem ich mein Bewußtsein meiner Fähigkeiten erweitere. Meditation, Behandlungen und Erklärungen sind geistige Einzahlungen.»[22] «Wenn ich anderen dieses System nahebringe, bezeichne ich jedes Chakra stets als ‹Konto›, auf das man regelmäßig einzahlen muß, und zwar in Form sogenannter ‹Weisheitschips›. Weisheitschips stehen für die Dinge, die uns unsere Lebenserfahrungen gelehrt haben. Wenn wir treu und regelmäßig einzahlen, werden wir in Krisenzeiten unseres Lebens aus genügend Weisheit schöpfen können (...) Wenn wir zu wenig Weisheitschips eingezahlt haben, wird die Energie, die wir von unserem Chakrakonto abheben, direkt aus der Basisenergie kommen, die unser materieller Körper benötigt.»[23] Krankheit ist die Folge davon, wenn man geistig in den roten Zahlen steckt.

Die Welt als Spiegel der Seele

In einer solchen «Euch geschehe nach eurem Glauben»-Auffassung steckt übrigens ein merkwürdiges Paradox. Macht sie andere Menschen, die schließlich ihre eigenen Launen, Wünsche und Interessen haben, nicht zu Versatzstücken, die der positiv Denkende nach Belieben auf der Bühne seiner Welt herumschieben kann? Wir denken uns voller Überzeugung einen besseren Job und einen netten Liebespartner, und unser Unterbewußtsein führt diesen «Befehl» unverzüglich aus; andere können offensichtlich nicht anders, als an der Verwirklichung unserer Wünsche mitzuwirken. Die Sache hat aber einen Haken. So berichtet Murphy, wie er Leuten, die ihr Haus verkaufen möchten, rät, «sich zunächst von der Angemessenheit des verlangten Preises zu überzeugen.»[24] Natürlich gelingt es ihnen dann unweigerlich, diesen Preis durchzusetzen – doch was passiert, wenn die potentiellen Käufer sich eine wesentlich niedrigere Summe als die «angemessene» vorgestellt hatten?

Diesen Theorien ist ein ausgeprägter Hang zum Solipsismus

eigen, der Gedanke, das einzig wirklich Existente sei das eigene Ich und die Welt nichts anderes als ein Produkt des Bewußtseins. Renate Dorrestein beschrieb sehr schön eine Variante dazu: «Früher, früher, als ich noch klein war, glaubte ich, die ganze Welt drehe sich um mich, im wahrsten Sinne des Wortes: Das Brot würde für mich gebacken, der Grünkohl für mich angebaut, für mich lasse man Busse und Züge fahren. Und wenn ich abends zu Bett ging, hörte das alles auf. Sobald ich von der Bildfläche verschwunden war, brauchte der ganze Zirkus nicht weiterzulaufen. Wenn mich Leute auf der Straße ansahen, wußte ich, warum sie mich ansahen, denn schließlich war ich das kleine Mädchen, für das all das getan wurde.»[25]

Dieses Kleinmädchengefühl haben die Allesheiler nie ganz ablegen können. Dethlefsen: «Es sollte an dieser Stelle klarwerden, daß es in Wirklichkeit keine Umwelt gibt, die uns prägt, formt, beeinflußt oder krank macht – die Umwelt verhält sich wie ein Spiegel, in dem wir immer nur uns selbst sehen (...) Wer in dieser Welt lebt, aber nicht erkennt, daß alles, was er wahrnimmt und erlebt, er selbst ist, verstrickt sich in Täuschung und Illusion (...) Das, was wir Umwelt oder Außenwelt nennen, sind Spiegelungen unserer Seele.»[26] Hay: «Keine Person, kein Ort und keine Sache hat irgendeine Macht über uns, denn ‹wir› sind die einzigen Denker in unserer Vorstellung. Wir gestalten unsere Erfahrungen, unsere Wirklichkeit und jeden darin Befindlichen.» Und weiter: «Was immer wir gedacht oder gesprochen vermitteln, wird in ähnlicher Form zu uns zurückkehren. (...) Sie können es ablehnen, sich zu verändern, so daß Sie all Ihre Probleme behalten. Sie sind die Macht in Ihrer Welt! Sie werden bekommen, was immer Sie entscheiden zu denken.»[27] Murphy: «Denken Sie aber stets daran, daß es die Welt Ihres Innenlebens ist – also Ihre Gedanken, Gefühle und Vorstellungen –, die die äußere Welt erschafft. Eben deshalb ist das Unterbewußtsein die einzige schöpferische Macht, und was immer in der Welt unserer Sinne Ausdruck findet, wurde – bewußt oder unbewußt – durch die Kraft des Geistes bzw. des Unterbewußtseins geschaffen.»[28]

Ein krasses Beispiel dafür findet sich in einem Brief, den Murphy von einer Anhängerin erhielt. Murphy zitiert diesen Brief stolz in seinem Buch, als Beweis für die Segnungen seiner Methode. «Ich wollte (ein Auto haben), um Ihre Vorträge regelmäßig besuchen zu können. Ich suchte im Geist einen Autoverkäufer auf, und dieser lud mich zu einer Probefahrt ein. Nach einiger Zeit setzte ich mich selbst auf den Führersitz und steuerte den Wagen im stärksten Verkehr. Immer wieder stellte ich mir dies in allen Einzelheiten vor und lebte in der Überzeugung, der Cadillac gehöre mir. Letzte Woche nun fuhr ich in meinem eigenen Cadillac zu Ihrem Vortrag. Mein kürzlich in Inglewood verstorbener Onkel hinterließ mir als seiner Alleinerbin unter anderem auch seinen Cadillac.»[29] Diese junge Dame bekam, was sie wollte, und mehr. Aber müssen wir ihr «wissenschaftliches Gebet» folgerichtig dann nicht auch für den Tod ihres spendablen Onkels verantwortlich machen?

Krankheit als Beweis

Ein Teil der Autoren geht noch einen Schritt weiter. Sie verstehen Krankheit nicht länger als Zeichen eines möglichen psychischen Konflikts: Krankheit ist in ihren Augen der buchstäblich unwiderlegbare *Beweis* dafür und gleichzeitig die Art und Weise, wie dieser Konflikt Gestalt annimmt. Im Grunde sei jede Krankheit die physische Manifestation eines psychologischen Problems. Ihr Körper verrät, was Ihr Bewußtsein vor Ihnen verborgen halten will. Krankheit verstehen diese Autoren als «mentale Blockade» (Hay) oder als «verdrängte Inhalte» (Dethlefsen). Um welche Blockaden und Probleme es im einzelnen geht, läßt sich umgekehrt aus der Art der Krankheit ablesen, die der Patient sich ausgesucht hat. Dethlefsen: «Im Außen spiegelt sich lediglich das Innen», und «wie innen, so außen».[30] Murphy: «Es gibt keine körperliche Erscheinung, die nicht zuerst geistige Vorstellung gewesen wäre (...).»[31]

Siegel läßt noch eine gewisse Vorsicht walten, wenn er von «Zielorganen» («Teile des Körpers mit besonderer Bedeutung für Konflikte oder Verluste im Leben eines Menschen»[32]) spricht; schließlich kann bei einer solchen Betrachtensweise ein Problem sozusagen sein Ziel verfehlt haben und versehentlich ein anderes Organ treffen. Außerdem kann Siegel aus seiner dreißigjährigen Karriere als Arzt lediglich einige wenige vage Beispiele für diese «psychologische Konditionierung» hervorkramen, die «manchmal festlegt, welche Krankheit wann und wo auftreten wird.»[33] Die anderen sehen Krankheit hingegen konsequent als *Äquivalent* einer bestimmten psychologischen Verfassung an. «Jede Erkrankung oder Dysfunktion, die ein Mensch entwickelt, ist ein Hinweis auf eine spezifische Form von emotionalem, psychologischem oder geistigem Streß. Darüber hinaus ist jedes Merkmal der Erkrankung, wie etwa der Ort ihres Auftretens im Körper, von symbolischer Bedeutung.»[34] Shealy & Myss sprechen in diesem Zusammenhang von «selbstgewähltem Leiden».[35]

Obwohl manchmal auch die gängigeren Krankheitserreger angeführt werden, betrachtet jeder dieser Therapeuten die seelische Verfassung letztlich als ausschlaggebend und damit als die «Hauptursache» der Krankheit. Shealy & Myss bewegen sich in ihrer Einleitung zu den Krankheitsbeschreibungen noch halbwegs in der Mitte zwischen Umweltfaktoren, Lebensweise und Psychologie, rücken aber von diesem Modell ab, wenn es an die Deutung von Einzelfällen geht. So berichtet Shealy folgendes über seinen nach drei Herzanfällen verstorbenen Vater: «Wir *könnten* dies seiner Familiengeschichte zuschreiben: Fünf seiner sechs Brüder sind zwischen ihrem fünfzigsten und vierundfünfzigsten Lebensjahr an einem Herzanfall gestorben. Wir können es aber auch einem der folgenden Faktoren zuschreiben: drei bis fünf Tassen Kaffee pro Tag, drei Päckchen Zigaretten pro Tag, eine sehr fettreiche Ernährung und überaus hohe berufliche Beanspruchung bei geringer Körperbewegung.» Trotzdem fegt Shealy diese Faktoren gnadenlos vom Tisch und sagt, «daß die zum Tode führenden Herzanfälle primär ausgelöst wurden durch die Scheidung von meiner Mutter.»³⁶

Therapeuten, die diesen Standpunkt vertreten (Hay, Dethlefsen, Shealy & Myss) fügen ihren Theorien folgerichtig stets lange Listen von Krankheiten samt ihrer Bedeutung an. «Unsere Betrachtungsweise entspricht in etwa dem psychosomatischen Modell, jedoch mit dem Unterschied, daß wir diese Sicht auf *alle* Symptome anwenden und keine Ausnahmen zulassen», schreibt Dethlefsen. Und später zeigt er sich ebenso streng: «Wir halten *jedes* Symptom für deutbar und akzeptieren keine Ausnahme.»³⁷ Mit ihren Interpretationen von Krankheitsbildern wollen sie dem Kranken die eigentliche Botschaft der Krankheit nahebringen. «Krankheit ist nicht eine versehentliche – und daher unliebsame – Störung auf dem Weg, sondern die Krankheit ist selbst der Weg, auf dem der Mensch dem Heil entgegenwandert. Je bewußter wir den Weg betrachten, um so besser kann er seinen Zweck erfüllen.»³⁸ Hay zur Beweiskraft ihrer Liste: «Nicht jede geistige Ursache trifft auf jeden hundertprozentig zu. Dies bietet aber einen Anhaltspunkt, unsere Suche nach der Krankheitsursache zu beginnen. Viele Leute, die mit alternativen Heilverfahren arbeiten, benutzen immer wieder [diese Liste], wenn sie mit ihren Patienten arbeiten, und haben herausgefunden, daß die geistigen Ursachen immerhin zwischen 90 und 95 Prozent zutreffen.»³⁹

Sogar eine indifferente Haltung gegenüber dieser Betrachtungsweise versteht Hay in ihre Argumentation einzubetten, wobei sie auf einen klassischen Therapeutentrick zurückgreift: «Wie reagieren Sie auf diese Behauptung? Glauben Sie sie? Ärgern Sie sich? Sind Sie unentschieden? Sind Sie drauf und dran, dieses Buch durchs Zimmer zu werfen? Wenn Sie auf diese Weise reagieren, *gut*! Ich habe etwas tief in Ihnen berührt, genau den Widerstandspunkt gegen die Wahrheit.»⁴⁰ Das Ärgerliche an einer solchen Antwort auf Bedenken gegen derartige Methoden ist, daß jede Kritik damit zu einem Beweis für die Richtigkeit der eigenen Aussage umgemodelt wird und Einwände zu einem integralen Bestandteil der eigenen Argumentation umfunktioniert werden. Der Kritiker wird, ob er will oder nicht, vereinnahmt und sieht sich des Rechts beraubt, von außen etwas zu diesen Ideen zu sagen. Das ist die klassische psychotherapeutische Verteidigungslinie, hinter der sich jeder jederzeit verschanzen kann, so bizarr seine Ideen auch sein mögen. Dethlefsen, wesentlich intelligenter als die platt-populistische Hay, tut genau dasselbe, wenn auch verbrämter: «Sollte jemand bei der Interpretation der Krankheitsbilder das Gefühl haben, die Deutung sei boshaft oder negativ, so ist diese Empfindung ein Indiz für die eigene Wertung, in der er noch verstrickt ist.» Und «man (kann) an der Stärke der Betroffenheit ablesen, wie gut eine Deutung zutrifft».[41]

Kreuzritter Aids

Aids liefert offensichtlich reichlich Interpretationsmaterial. Hay, Dethlefsen und Shealy & Myss wenden sich diesem Thema eingehend zu. Dethlefsen widmete auf Bitten seines Verlegers dieser Krankheit ein eigenes Kapitel in einer erweiterten und bearbeiteten Fassung seines Buches; Hay schrieb wie Shealy & Myss ein ganzes Buch darüber. Aids ist in ihren Augen der definitive Beweis für das Versagen der Schulmedizin: Trotz umfangreicher Forschungstätigkeit seien bei der Bekämpfung oder Heilung von Aids kaum Fortschritte erzielt worden, schreiben sie. Mir scheint, dieses Interesse an Aids entbehrt nicht eines gewissen modischen Opportunismus: Warum sollte gerade diese Krankheit das Versagen der Medizin so unumstößlich beweisen? Auch im Falle von Rheuma, Multipler Sklerose, Demenz, Parkinson und vieler Formen von Krebs ist man nicht eben weit gekommen.

Myss koppelt in ihrer «Energie-Analyse» Aids ganz und gar an ein «Opferbewußtsein».[42] «Das psychologisch-emotionale

Bild, das man bei vielen mit dem HIV-Virus infizierten Menschen findet, ist der bei weitem schwerste Grad von ‹Opferbewußtsein›, dem ich je begegnet bin.» Sie gehören «zu jenen Mitgliedern der Weltgemeinschaft, die das geringste Selbstwertgefühl und die geringste Selbstachtung besitzen und über die geringste innere Kraft verfügen. Diese Gruppen – Drogenabhängige, Prostituierte, Homosexuelle, bettelarme Haitianer und Afrikaner – leben häufig am Rande der Gesellschaft und stehen auf der untersten Stufe der sozialen Leiter. (...) Das Opferbewußtsein vieler HIV-infizierter Menschen zeichnet sich durch ein derartig intensives Gefühl der Hilf- und Hoffnungslosigkeit aus, daß die betreffende Person nicht mehr imstande ist, auch nur die geringste Hoffnung zu hegen, sie werde jemals in der Lage sein, den ‹Opferstatus› zu überwinden.»

Für jede der genannten Gruppen erklärt Myss im folgenden, woraus dieses «Opferbewußtsein» resultiert. Bei Homosexuellen sei es «die überwältigende, lähmende Tatsache, daß sie wenig oder nichts an dem ändern können, was sie in den Augen anderer zu inakzeptablen oder ‹wertlosen› Menschen macht», sprich ihre «Veranlagung». Und die anderen genannten Gruppen? «Afrikanische Besitzlose scheinen gefangen zu sein in einem scheinbar endlosen Kreislauf von Geburt – Hungersnot – Krankheit – Tod. Prostituierte und Drogenabhängige sind in ein Lebensmuster verstrickt, das sich sowohl emotional als auch psychisch durch Verzweiflung und häufig auch Gewalt auszeichnet.»

Auch Hämophilie-Patienten und infizierte Babys leben Myss zufolge in einer «Opferatmosphäre», die erstgenannte Gruppe infolge des ständigen Bewußtseins der Gefahr von Blutungen, die zweite infolge der «emotionalen Infizierung» durch ihre Mutter. Lesbische Frauen und heterosexuelle Männer oder Frauen mit Aids entgehen ihrem Blick völlig; sie passen nicht in ihre «Energie-Analyse». Und Schwule laufen ihr zufolge das größte Risiko, Aids zu bekommen: nicht durch den Verkehr mit infizierten Partnern, sondern infolge eines unheilbaren kollektiven «Opfergefühls», das Bestätigung in einer tödlichen Krankheit sucht. Wenn es nun aber *eine* Gruppe gibt, die gerade nicht mit einem «Opfergefühl» auf Aids reagiert, so ist dies die Homosexuellenbewegung; Myss zieht es jedoch vor, dies zu ignorieren.

Dethlefsen bringt – nach einem Nebensatz über Aids in Afrika und einem Satz über Rauschgiftsüchtige – Aids ausschließlich mit Homosexualität in Verbindung und nimmt das zum Anlaß, mal tüchtig vom Leder zu ziehen.[43] «Es geht uns hierbei nicht um den Unterschied zwischen der Homosexualität und der Heterosexualität, sondern um die eindeutige Entwicklung innerhalb der homosexuellen Szene, die sich immer mehr von einer dauerhaften Partnerschaft mit einer einzigen Bezugsperson abwandte hin zur Promiskuität, bei der Sexualkontakt mit zehn bis zwanzig Partnern an einem einzigen Wochenende keine Ausnahmeerscheinung darstellt.» Nachdem er so eine Windmühle aufgebaut hat, zieht Dethlefsen gegen diese überdrehten fleischgewordenen Sexmaschinen zu Felde. «Je mehr die Liebe von der Sexualität losgelöst wird und Sex nur das Ziel der eigenen Lust verfolgt, um so schneller verflachen die sexuellen Reize. Dies führt zu einer nicht endenden Eskalation des Reizniveaus; die auslösenden Reize müssen immer origineller, ausgefallener und raffinierter werden, um noch Erregung zu erleben. Daraus entstehen sehr extreme Sexualpraktiken, die in ihrer konkreten Struktur sehr deutlich zeigen, wie wenig dabei der andere Mensch noch eine Rolle spielt und wie sehr er hierbei zum bloßen Stimulator degradiert wird. Wir nehmen an, daß diese skizzenhaften Ausführungen als Hintergrund ausreichen, um AIDS als Krankheitsbild verstehen zu können. Wird Liebe im Sinne der seelischen Begegnung und Auseinandersetzung mit einem anderen Menschen nicht mehr im Bewußtsein gelebt, so fällt Liebe in den Schatten und in der letzten Konsequenz in den Körper. [Dethlefsen glaubt, daß alles, was wir bewußt ablehnen, zu einem Teil unseres «Schattens» wird; dieser Schatten kommt schließlich in Form einer Krankheit im Körper zum Ausdruck und zeigt sich dann zuguterletzt also doch noch – K. S.] Liebe ist das Prinzip der Infragestellung der Grenzen und das Sichöffnen für das von außen kommende, um mit ihm eins zu werden. Der Zusammenbruch der Abwehrkräfte bei AIDS entspricht genau diesem Prinzip. Die körpereigene Abwehr verteidigt ja gerade diese Grenze, die für eine korporale Existenz natürlich notwendig ist, denn jede Form bedingt Abgrenzung und damit Ego. Der AIDS-Patient lebt auf der Körperebene die Liebe, die Offenheit und die damit verbundene Berührbarkeit und Verletzbarkeit, die er auf der seelischen Ebene aus Angst vermied.»

In dieser Situation entpuppt sich Aids als gerechter, wenngleich mitleidloser Lehrer: «AIDS zwingt letztlich zur Verantwortung, Rücksicht und Vorsicht dem anderen gegenüber – Themen, die gerade bei AIDS-Patienten bisher zu kurz kamen.» Und nach dieser «Wer nicht hören will, muß fühlen»-Theorie präsentiert Dethlefsen eine überraschende Lösung: «In der AIDS-Erkrankung lebt und lehrt der Körper das Gegenteil des Hasses: Verzicht auf Abwehr und dadurch All-Liebe.» So gesehen stirbt ein Aidspatient schlichtweg an einer Überdosis Liebe.

An Schärfe steht Hay Dethlefsen in nichts zurück.[44] Aids ist auch für sie eine Homosexuellen-Krankheit. Geschlechtskrankheiten entstehen «oft durch das unterbewußte Gefühl, es sei nicht richtig, seine Sexualität zum Ausdruck zu bringen. (...) Herpesausschläge neigen dazu, bei gefühlsmäßigem Ungleichgewicht auszubrechen. Das lehrt uns an dieser Stelle eine ganze Menge. Jetzt wollen wir dieselbe Theorie auf die Gruppe der Homosexuellen übertragen, wo man dieselben Probleme wie überall hat, dazu das Problem der Gesellschaft, die mit dem Finger auf die Homosexuellen zeigt und sagt: ‹Schlecht!› Normalerweise sagen ihre eigenen Mütter und Väter auch: ‹Du bist schlecht.› An dieser Last tragen die Betroffenen schwer.» Also schufen homosexuelle Männer eine Krankheit, die Aids genannt wird und wesentlich beängstigender ist als Herpes, schreibt Hay.

Homosexuelle Männer werden ihrer Ansicht nach jedoch nicht nur als Folge ihrer gesellschaftlichen Unterdrückung krank. Das größte Problem sei der Umgang der Homosexuellen untereinander: Sie legten zuviel Wert auf das Äußere und auf platten Sex. «Es ist zwar oft schändlich, wie Heterosexuelle sich gegenüber Homosexuellen verhalten, aber es ist geradezu *tragisch*, wie viele Homosexuelle ihresgleichen behandeln.»

In ihrem letzten Buch, das sich ausschließlich mit Aids und der heilenden Kraft der Liebe beschäftigt (was Stephan Sanders einmal die Bemerkung entlockte, Hays Methode laufe auf das Totknuddeln des HIV-Virus hinaus[45]), zählt sie die Ursachen von Aids noch einmal in einem gesonderten Kapitel auf.[46] Erstens hätten Homosexuelle Aids geschaffen, da es nun mal Zeit wurde, daß Männer lernten, sich Gedanken um Verhütungsmittel zu machen – nicht, wie es für Frauen jahrhundertelang galt, um sich vor Schwangerschaft zu schützen, sondern um sich gegen den HIV-Virus zu wappnen. Obwohl es gut tut, Hay endlich bei einem originellen Gedanken zu ertappen, gibt sie hier einer Folge von Aids, nämlich der Notwendigkeit zu Safer Sex, den Status einer kausalen Ursache.

Zweitens, so Hay, habe Aids mit der Angst vor dem Alter zu tun. Homosexuelle Männer hätten «eine Kultur geschaffen, die auf Jugend und Schönheit ungeheuer viel Bedeutung legt. Während am Anfang des Lebens jeder Mensch wenigstens jung ist, können dem Maßstab der Schönheit nur wenige gerecht werden. Es wurde aber soviel Wert auf die äußere Erscheinung oder die körperliche Gestalt gelegt, daß die Gefühle im Innern zum Teil ganz außer acht blieben. Wenn du nicht jung und schön bist, dann ist es fast so, als zähltest du nicht. Auf die Person also kommt es nicht an, nur auf ihren Körper. (...) Aufgrund der Art, wie Homosexuelle einander oft behandeln, ist das Altern für viele Homosexuelle etwas, wovor sie sich besonders fürchten. Es ist fast besser zu sterben, als alt zu werden. Und AIDS ist eine Krankheit, die sehr häufig tödlich ausgeht. Zu oft haben homosexuelle Männer das Gefühl, daß sie nutzlos und unerwünscht würden, wenn sie älter werden. Sie halten es fast für besser, sich vorher zu vernichten – und viele haben sich tatsächlich einen sehr destruktiven Lebensstil zugelegt. Manche solcher Vorstellungen und Einstellungen, die einen festen Platz im Leben des Homosexuellen einnehmen – die ‹Folterbank›, das ständige Beurteilen, die Weigerung, einander zu nahe zu kommen usw. –, sind monströs. Und AIDS ist eine monströse Krankheit.» Daher rät Hay jedem Homo: «AIDS zu bekommen, ist keine Möglichkeit, dem Altern zu entgehen. Uns selbst in jedem Alter zu lieben, kann die Pforte zur Freude aufschließen.»

Als dritte Ursache nennt Hay «negative sexuelle Verhaltensmuster» oder «tuntenhaftes Verhalten» und «Hörigkeit und sado-masochistische Praktiken». Die Schwulenaktivisten und Lederschwulen unter Ihnen seien gewarnt.

Es ist schon bemerkenswert, wie diese Quackdenker Aids aus einer umfassenderen, gesellschaftlich angehauchten Perspektive zu erklären versuchen. Genauso wie sich die ungelösten Probleme beim Menschen in Form von Krankheiten in seinem Körper niederschlügen, schlügen sich die globalen Probleme auf der Erde nieder. Genaugenommen könne man von einer Weltkrise sprechen, die sich als moderne Epidemie äußere. In ihren Augen leidet die Welt selbst an Aids, und Homosexuelle nehmen schon mal einen Vorschuß auf den nahenden Weltuntergang. Sie sind die Boten, die uns warnen sollen.

Diese Vorstellung von der Erde als Mensch (in diesem Fall als kranker Mensch) ist aus der Gaia-Theorie entlehnt, die ursprünglich vom britischen Chemiker James Lovelock formuliert wurde und viele Anhänger in der New-Age-Bewegung hat. In dieser Theorie werden körperliche Prozesse auf die Erde projiziert; die Nahrungskette wird mit unserer Verdauung verglichen, das Flußsystem mit Adern, das Polareis ist das irdische, auf dem Wasser treibende Gehirn, und so weiter. Der Mensch wird als Maßstab für die Welt betrachtet. Und Weltprobleme seien geistige Probleme: Gaia-Anhänger sind überzeugt, daß «die derzeitige Weltkrise ein Bewußtseinsproblem ist».

Dethlefsen handelt das kurz ab, hatte er doch die wichtige Rolle, die Diagnose für die Probleme dieser Welt zu stellen, in der ursprünglichen Fassung seines Buches noch dem Krebs zugedacht: «Die Krebskrankheit ist Ausdruck unserer Zeit und unseres kollektiven Weltbildes. Wir erleben in uns als Krebs nur das, was wir selbst ebenfalls leben. Unser Zeitalter ist gekennzeichnet durch die rücksichtslose Expansion und Verwirklichung der eigenen Interessen. Im politischen, wirtschaftlichen, ‹religiösen› und privaten Leben versuchen die Menschen, ihre eigenen Ziele und Interessen ohne Rücksicht auf (‹morphologische›) Grenzen auszubreiten, versuchen, überall Stützpunkte ihrer Interessen zu gründen (Metastasen) und nur ihre eigenen Vorstellungen und Ziele gelten zu lassen, wobei man alle anderen in den Dienst des eigenen Vorteils stellt (Schmarotzerprinzip). Wir alle argumentieren wie die Krebszelle.»[47] Offenbar schaffte Dethlefsen es nicht, *zwei* Kapitel in der erweiterten und bearbeiteten Fassung seines Bestsellers zu ändern. Aids wird jetzt nur mit Radioaktivität verglichen und soll «den Menschen wieder das Ur-Grauen lehren».[48]

Hay sieht Aids in erster Linie als Ansporn für die Menschheit, sich der holistischen Perspektive anzuschließen; daß die Verkünder dieser Botschaft mittlerweile im Sterben liegen, verschwindet mehr oder weniger aus dem Blickfeld. «Wenn wir erfahren, daß wir ‹HIV-positiv› sind, ist das für uns noch nicht das Ende der Welt. Es ist lediglich eine liebevolle Botschaft unseres Körpers, der uns mitteilt, daß wir von der Spur abgekommen sind (...)» Und ein Stück weiter: «Warum gibt es AIDS auf unserem Planeten? Ich meine, um uns zu zeigen, daß wir unser Leben und den Planeten zu Grunde richten.»[49] Aber leider, mag es auch noch so literarisch klingen, muß gesagt werden: Nicht die Welt hat Aids, sondern die Menschen, und die fassen das in der Regel nicht als «liebevolle Botschaft» auf. Und wieder kommt sie mit dem Gedanken, Krankheit habe einen höheren Sinn, und wir müßten eben versuchen, ihn zu ergründen.

Diese intentionale Auffassung klingt mindestens ebenso stark durch in ihrer warmen Sympathiebekundung an die Adresse der Homosexuellen, der auserkorenen Träger der unwillkommenen, aber kosmischen Botschaft, daß die Erde krank sei: «Auf der anderen Seite gibt es jetzt viele Gruppen, die sich um eine Erweiterung und Hebung ihres Bewußtseins bemühen. Überall auf dem Planeten tun sich Menschen zusammen, um die Vorgänge im menschlichen Geist zu studieren und zu lernen, wie Gedanken funktionieren und wirken. Es gibt eine große Sehnsucht, mehr zu lernen und mehr zu lieben – die Qualität von unser aller Leben zu steigern und den Planeten zu retten und zu heilen. Diejenigen unter euch, die sich entschieden haben, sich diesmal als Homosexuelle zu inkarnieren, haben auf einer tieferen Ebene auch beschlossen, Teil des Heilungsprozesses unseres Planeten zu sein.»[50] Wie edel von diesen Homos, daß sie krank werden, um unaufgeklärte Heteros zu warnen. Und wie seltsam, daß weder in der Aids-Hilfe noch in der Homobewegung eine Diskussion über diese Theorien in Gang gekommen ist.

Myss zeigt sich am beschlagensten. «Wir meinen, daß die Krankheit sich auch weltweit, makrokosmisch manifestiert. Aids führt primär zur Entstehung zweier Krankheiten: zur Pneumocystose und zum Kaposi-Sarkom. Pneumocystose ist eine tödliche Lungeninfektion. Vergleichen Sie das einmal – analog – mit der rasch um sich greifenden Zerstörung der Regenwälder in Südamerika (die 40 Prozent des Sauerstoffbedarfs auf der Welt decken) und den Waldgebieten in aller Welt, die vom sauren Regen zerstört werden. Wälder sind die ‹Lungen der Erde› – aber sie verlieren sehr rasch die Fähigkeit, den lebensnotwendigen Sauerstoff zu produzieren. Das Kaposi-Sarkom ist eine krebsartige Gewebemißbildung unter der Haut. Denken Sie einmal – wiederum analog – an die unterirdischen Atomversuche, die bereits seit Jahren im Gange sind. Im Grunde führen wir einen Atomkrieg gegen unseren eigenen Planeten! Diese Atomexplosionen setzen eine nahezu unbegrenzte Menge an zerstörerischer Kernenergie in den tieferen Erdschichten frei – zu denen die unterirdischen Reservoire an Wasser und gesundem Boden gehören. Diese beiden zerstörerischen Prozesse haben dazu geführt, daß das gesamte biologische und ökologische System der

Erde in weit ernsterem Ausmaß in Mitleidenschaft gezogen wird (und folglich ‹Opfer› ist!) als je zuvor in der Geschichte der Menschheit. Im Grunde zeigt unser Planet alle Symptome von Aids.» Schneidig verkündet sie die These, daß wir, die Menschheit, «von Aids lernen müssen, daß die Vernichtung des Lebens auf diesem Planeten nicht länger so weitergehen darf, wenn wir als Gattung fortbestehen wollen. Dies ist die Lehre, die jeder einzelne auf der Erde beherzigen muß, und das ist der Grund dafür, weshalb die Botschaft von dieser Epidemie sich in nahezu jede Nation verbreitet hat. Ich glaube nicht, daß ein ‹Heilmittel› oder ein Impfstoff gegen diese Krankheit gefunden werden wird, bevor die entscheidende Botschaft dieses Virus von der Menschheit verstanden worden ist.»[51] Auch hier gilt: Zuerst muß die spirituelle Krise überwunden sein und der «Patient» aus seiner Krankheit lernen – erst dann kann die Heilung der Umwelt erfolgen. Diese Argumentation macht Aids-Patienten unverhofft zu Seehunden der New-Age-Bewegung.

Der Körper als Schlachtfeld

Blasenkrankheiten hängen mit Druck zusammen. «Der zuerst psychisch erlebte Druck wird nach unten in die Blase geschoben und nun hier als körperlicher Druck empfunden. Druck fordert uns immer auf, loszulassen und zu entspannen.» Bei Blasenerkrankungen habe man sich also stets zu fragen, «wo setze ich mich selbst unter Druck» und «an welchen Bereichen halte ich fest, obwohl sie überlebt sind und darauf warten, ausgeschieden zu werden.» (Dethlefsen & Dahlke, S. 250 und S. 253)

Halsprobleme deuten auf «geschluckten Zorn» und «erstickte Kreativität». Bekanntlich «repräsentiert der Hals unsere Fähigkeit, für ‹uns selbst zu sprechen›, ‹um das zu bitten, was wir haben möchten›, zu sagen, ‹ich bin› usw. Wenn wir Halsprobleme haben, bedeutet es normalerweise, daß wir empfinden, keinen Anspruch auf diese Dinge zu haben.» (Hay, Gesundheit, S. 222 und S. 171)

Syphilis tritt in erster Linie bei Menschen auf, die «eine ganze Reihe unvernünftiger, impulsiver Entscheidungen (getroffen haben), die eigenen emotionalen Bedürfnisse zu befriedigen». Solche Menschen stehen «unter dem Einfluß äußerst negativer, gegen sich selbst gerichteter Gefühle», die «häufig mit dem Gefühl verbunden sind, ‹schmutzig› zu sein». (Shealy & Myss, Band 1, S. 192–193)

Diabetes «ist eine Erkrankung, die fast ausschließlich mit Problemen im Bereich der Eigenverantwortlichkeit zusammenhängt» und aus «Grollgefühlen» heraus entsteht, weil jemand zuviel oder zuwenig Verantwortung für sich selbst oder andere übernimmt. (Shealy & Myss, Band 2, S. 27)
Andere wiederum führen Zuckerkrankheit auf das Gefühl zurück, zuwenig Liebe zu bekommen, oder auf die Unfähigkeit, Liebe zu geben (Dethlefsen & Dahlke, S. 190–191), oder auf ein zu großes Bedürfnis nach Kontrolle. (Hay, Gesundheit, S. 210)

Übelkeit will sagen, daß «man sich der Dinge und Eindrücke (entledigt), die man nicht haben, nicht einverleiben, nicht integrieren will (...) Erbrechen ist ‹Nicht-Akzeptieren›. Ganz deutlich wird dieser Zusammenhang auch bei dem bekannten Schwangerschaftserbrechen. Hierin äußert sich die unbewußte Abwehr gegen das Kind bzw. gegen den männlichen Samen, den man sich nicht ‹einverleiben› wollte.» (Dethlefsen & Dahlke, S. 182)

Was bei diesen Krankheitserklärungen, bei den mentalen Ursachen, die die Ohrenmafia als krankheitsauslösend anführt, auffällt, ist die Verwendung der Metapher als Erklärung. Alle möglichen Ausdrücke, die im Laufe der Zeit entstanden sind, um Gemütsverfassungen zu beschreiben, werden als Diagnose aufgefaßt. «Wir müssen diese alten Redensarten als *wörtliche Umschreibungen*» von Krankheiten verstehen, erklärt Myss.[52]

Ich warte wirklich auf den Moment, in dem die New-Age-Bewegung das Sprichwörterbuch zum wichtigsten Handbuch der Psychoneuroimmunologie erklärt. Vielleicht liefert dieses Erklärungsmodell aber auch Stoff für ein neues Gesellschaftsspiel, mit dem wir uns künftig die Wartezeit in den Praxen der

Schulmediziner versüßen können. Ich möchte Ihnen schon mal ein paar Anregungen geben: Gleichgewichtsstörung – die Welt dreht sich um mich; Dekubitus – kein Sitzfleisch haben; Parkinson – vor Erregung zittern; Psoriasis – so kalt sein wie ein Fisch; Lähmung – mit keiner Wimper zucken; Nierensteine – eine harte Nuß zu knacken haben; Gicht – sich auf etwas versteifen; Asthma – etwas im Keim ersticken; etcetera, etcetera.

Der Denkfehler, den die Ohrenmafia hier begeht, ist unverzeihlich und dumm. Menschen benutzen eine Metapher, um Prozesse auszudrücken, die sie nicht ganz verstehen oder nicht in Worte fassen können; die Metapher dient zur Verdeutlichung, als Versuch, den Sachverhalt zu beschreiben, und sei es nur annäherungsweise. Für Vorgänge, die sich in unserem Seelenleben abspielen, ist unser Vokabular dürftig ausgestattet; wer je versucht hat, jemandem zu erklären, wie außergewöhnlich er gerade *diese* Verliebtheit empfindet, weiß, was ich meine. Es gibt nur eine begrenzte Zahl von Wörtern, die direkt auf geistige Funktionen und auf Emotionen verweisen. Die meisten Begriffe beziehen sich überdies auf psychische *Zustände*. Für psychische *Prozesse* oder Entwicklungen gibt es kaum ein Vokabular.

Und sogar das vorhandene reicht per definitionem nicht aus, weil wir nicht aus uns heraustreten können, um etwas über uns selbst zu sagen; wenn wir versuchen, uns neben uns zu stellen, sind wir nicht mehr dieselben, die wir waren, als wir uns noch in uns befanden. Objektive Selbstreflexion oder völlige Introspektion sind unmöglich. Wir können nie überprüfen, ob die Begriffe, die wir zur Beschreibung einer bestimmten emotionalen Situation wählen, adäquat sind; und sei es nur aus dem Grund, weil wir nie alle Prozesse, die sich in uns abspielen, erfassen können. Hinzu kommt, daß sich unsere Interpretation einer solchen Situation ständig verschiebt. Die Beschreibung, die wir heute geben, ist eine andere als die vom Jahr zuvor oder die vom nächsten Jahr.

In solchen Fällen bieten Metaphern und Vergleiche oft einen Ausweg. Die Metapher kann einen vage verstandenen Prozeß erhellen. Einige dieser Metaphern stehen in Zusammenhang mit dem Körper, andere mit (Arten von) Bewegung.

Draaisma und Vroon weisen darauf hin, daß jede Epoche die Entstehung neuer Gruppen von Metaphern kennt: die Uhr, die Dampfmaschine, der Motor und das Wetter haben sich alle als fruchtbare Metapherlieferanten erwiesen.[53] Mit dem gleichen Recht könnten wir Ausdrücke aus solchen Bereichen entlehnen, um Krankheiten und ihre «dazugehörigen mentalen Prozesse» zu bezeichnen. Man denke nur an Dampf ablassen, am Kochen sein, fast explodieren, Druck machen, ein Ventil suchen; oder an aufgedreht sein, aus dem Takt geraten, überdreht sein, wenig Spannkraft haben; an auftanken, bremsen, Gas wegnehmen und festfahren; an Oberwasser haben, den Wind von vorn haben, bestürmt werden und ertrinken.

Doch solche Metaphern zieht die Ohrenmafia nicht heran; sie meint, gerade die Körperbildsprache treffe so oft zu. Damit stehen wir freilich vor einem schwierigen Problem. Daß manche Menschen die Ursache ihrer Krankheit auf diese Weise beschreiben, heißt noch nicht, daß ihre Erklärung richtig ist und für alle gilt; außerdem ist die Metapher immer eine nachträgliche Sache, die erst dann ins Spiel kommt, wenn die Krankheit sich bereits manifestiert hat, und rückwirkend zur Erklärung erhoben wird. Wenn dann eine Metapher gesucht wird, um einen psychischen Prozeß zu beschreiben, ist es naheliegend, daß jemand, der körperliche Beschwerden hat, eher eine Metapher aus dem körperlichen Bereich wählt als eine aus dem Bereich der Dampfkraft.

Metaphern sind jedoch allgemein und austauschbar. Bei jedem gibt es wohl eine Zeit, in der er von irgend etwas die Nase voll hat und sich wenig unterstützt fühlt. Die Stärke von Metaphern besteht darin, daß sie, für sich betrachtet, für jeden immer *irgendwie* stimmen, aber das macht sie ja gerade so ungeeignet für spezifische Erklärungen. In diesem Sinne sind derartige Krankheitserklärungen nicht besser als Horoskope.

Mit ihren Krankheitslisten treibt die Ohrenmafia die Sache noch einen Schritt weiter. Der Körper wird *selbst* zur Metapher, ein Sammelsurium psychologischer Probleme. Diese Quackdenker steigern sich geradezu dahinein, Krankheiten wortwörtlich in ein unbeholfenes Psychovokabular zu übersetzen. Die sichtbare Manifestation einer Krankheit wird als Diagnose der emotionalen oder mentalen Verfassung eines Menschen aufgefaßt. Und so ist eine Lähmung gleichbedeutend mit lähmender Eifersucht, Verstopfung mit unverdauten Vorstellungen, ein Magengeschwür mit Selbstzerfleischung, Autoimmunkrankheiten mit Selbstzerstörungsdrang, ein Hirninfarkt mit terminaler Frustration und Narbengewebe mit geistiger Härte. Hinter Jucken verbirgt sich eine innere Glut, die nach außen drängt, in einem Buckel manifestiert sich nicht-ausgelebte Demut, und ein Rheumapatient ist zu starr und unbeweglich.

Krankheit entartet zu einem Zeichen und der Körper zum Schlachtfeld des Geistes. Unser Körper ist dann nichts anderes als die Arena, in der wir unsere unverarbeiteten Konflikte austragen. In diesem Sinne nimmt die Ohrenmafia den Körper nicht ernst. Sie weigert sich, die Stärken, Schwächen und Gesetzmäßigkeiten des Körpers anzuerkennen, Eigensinnigkeiten, die sich nicht ohne weiteres den Launen eines allmächtigen Geistes beugen. Der Körper ist in ihren Augen nichts anderes als die Sprache des Geistes. Und damit werden Krankheit und Invalidität auf Bildsprache und Symbolik reduziert.

Dafür nur zwei Beispiele, die gleichzeitig illustrieren, wie albern und borniert diese Bildersprache ist. Dethlefsen zufolge steht das Herz für das Gefühl, und Herzkranke sind demnach «Menschen, die nur auf ihren Kopf hören wollen und in deren Leben das Herz zu kurz kommt». In der folgenden Passage geht Herzleiden völlig in einem Wust von Metaphern unter: «Wenn die Angst vor dem Gefühl so groß geworden ist, daß man nur noch der absoluten Norm vertraut, läßt man sich einen Herzschrittmacher einbauen. So wird der lebendige Rhythmus durch einen Taktgeber ersetzt (Takt verhält sich zu Rhythmus wie *tot* zu *lebendig*!). Was bisher das Gefühl machte, übernimmt nun eine Maschine.»[54] Davon, daß eine medizinische Notwendigkeit für einen Schrittmacher vorliegt, ist nicht die Rede. Was zählt, ist nur das unterstellte psychologische Defizit.

Nierenerkrankungen erklärt er im gleichen abfälligen Ton. Wie alle «paarigen Organe» (Lungen, Hoden und Eierstöcke) hätten auch die Nieren einen Bezug zum Thema Kontakt und Partnerschaft; sie stünden dabei für «die Partnerschaft im Sinne einer engen mitmenschlichen Begegnung».[55] «Der Endpunkt der Entwicklung ist erreicht, wenn alle Funktionen der Nieren völlig darniederliegen und deshalb eine Maschine, die künstliche Niere, die lebenswichtigen Aufgaben der Blutwäsche übernehmen muß (Dialyse). Jetzt wird die perfekte Maschine zum Partner, nachdem man nicht bereit war, seine Probleme mit lebenden Partnern aktiv zu lösen. Wenn kein Partner perfekt und zuverlässig genug oder der Wunsch nach Freiheit und Unabhängigkeit zu übermächtig war, findet man in der künstlichen Niere nun einen Partner, der ideal und perfekt ist, da er ohne Eigenanspruch und Eigenbedürfnis treu und zuverlässig all das tut, was man von ihm will.»[56] Es fehlte nur noch, daß Dethlefsen eine Nierentransplantation mit dem Kauf einer thailändischen Braut vergleicht.

Rundheraus anstößig ist, daß Hay, Dethlefsen, Myss anhand von Krankheitssymptomen derart weitgehende psychologische Attribute verteilen und sich anmaßen, aufgrund der physischen Verfassung eines Menschen einen Röntgenblick in dessen Seele werfen zu können. «Vom Sichtbaren können wir auf das Unsichtbare schließen. Das tun wir im Alltag ständig. Wir betreten ein Wohnzimmer und schließen aus dem Sichtbaren auf den Geschmack dessen, der es bewohnt. Den gleichen Geschmack hätten wir aber auch in dessen Kleiderschrank diagnostizieren können. Es ist gleichgültig, wohin man schaut – hat jemand beispielsweise einen schlechten Geschmack, wird dieser sich überall zeigen», sagt Dethlefsen und wiederholt noch einmal für die Begriffsstutzigen: «Dieses Buch lehrt, über die Krankheitssymptome den Menschen zu erkennen.»[57] Genauso beleidigend ist es, wenn Hay wie ein moderner Lombroso des Unterbewußten anhand des stolpernden Ganges eines Menschen voller Autorität verkünden zu dürfen glaubt, dieser habe massive Schwierigkeiten psychischer Art, oder wenn sie beeinträchtigte Sehfähigkeit dahingehend deutet, daß dieser Mensch nicht bereit sei, seine inneren Konflikte zu sehen. Krankheit wird so zum wandelnden Beweis psychischer Defizite gemacht, der Gewißheit, daß der Betreffende sich seine psychischen Konflikte unterschlägt. Sie leiden an keiner Krankheit, Sie leiden an sich selbst.

Es ist bezeichnend, daß diese Therapeuten Krankheiten und Suchtkrankheiten in exakt derselben Weise beschreiben. Ihrer Ansicht nach ist die Krankheit für den Kranken, was Heroin oder Alkohol für den Abhängigen ist: Halt und Ausflucht, Tarnung und Ausdrucksform. In ihren Augen *ist* Krankheit eine Sucht, eine schlechte, zerstörerische Angewohnheit, von der man nur mit psychologischer Hilfe wieder loskommt.

Der geliehene Körper

Der Körper ist der Ohrenmafia einfach im Weg. Sie will nichts mit ihm zu schaffen haben; genaugenommen existiert er auch nicht wirklich, zumindest nicht so wirklich wie das Bewußtsein. «Der Mensch stellt die Summe seiner Gedanken und Vorstellungen dar», hält Murphy uns vor.[58] Troost ist ganz seiner Meinung: «Die Psyche regiert die Physis. Der Körper ist lediglich das Material des Geistes.»[59] Selbst die fundamentalsten körperlichen Prozesse werden dem Bewußtsein zugeschrieben; von autonomen physiologischen Prozessen ist keine Rede mehr. Der Körper ist die Manifestation des Geistes. «Wenn Sie ein Stück Brot essen, so verwandelt es Ihr Unterbewußtsein in organisches Gewebe, Muskeln, Knochen und Blut.»[60]

Zuweilen verschwindet der Körper sogar ganz aus ihren Betrachtungen, wird etwas, mit dem sie am liebsten nichts zu schaffen hätten: «Der Körper ist niemals krank oder gesund, da in ihm lediglich die Informationen des Bewußtseins zum Ausdruck kommen. Der Körper tut nichts aus sich selbst heraus, wovon sich jeder durch die Betrachtung einer Leiche selbst überzeugen kann. Der Körper eines lebenden Menschen verdankt seine Funktion ja gerade jenen beiden immateriellen Instanzen, die wir meist Bewußtsein (Seele) und Leben (Geist) nennen. Das Bewußtsein stellt dabei die Information dar, die sich im Körper manifestiert und in die Sichtbarkeit transponiert wird (...) Da das Bewußtsein eine nichtmaterielle, eigenständige Qualität darstellt, ist es natürlich weder ein Produkt des Körpers, noch von dessen Existenz abhängig.»[61] Hier wird der Körper zum Leim reduziert, der uns an die Erde kittet, nichts weiter als ein Kadaver, den wir mit uns herumschleppen.

Der Gedanke, daß der Körper im Grunde keine große Rolle spielt und daß der Geist der einzige Fixpunkt in unserem Dasein ist, findet bei diesen Autoren seine Krönung im Reinkarnationsgedanken. Demnach kehrt unser Bewußtsein immer wieder zur Erde zurück und wählt dann eine Form, schlüpft sozusagen in einen neuen Körper. Nicht umsonst beschreibt Troost den Körper immer wieder als «geliehenes Kostüm». In einer neuen Inkarnation sei es unsere Aufgabe, die Dinge abzuschließen, die in einem früheren Leben liegengeblieben sind oder nicht befriedigend verarbeitet wurden. Kurzum – in jedem Leben haben wir eine Aufgabe.

Dazu suchen wir uns jedesmal unsere Eltern, unseren Körper, unser Geburtsland und so weiter aus. Hay: «Jeder von uns entscheidet sich zu einem bestimmten Zeitpunkt und an einem bestimmten Ort zur Menschwerdung auf diesem Planeten. Wir haben uns dazu entschlossen, hierher zu kommen, um eine bestimmte Lektion zu lernen, die uns in unserer geistigen Entwicklung vorwärts bringen wird. Wir wählen unser Geschlecht, unsere Hautfarbe, unser Land. Dann schauen wir nach demjenigen Elternpaar, das die Verhaltensmuster widerspiegelt, die wir mitbringen, um daran während unseres Lebens zu arbeiten.»[62]

Dethlefsen: «Denn was man bis zu seinem Tode nicht begriffen hat, nimmt das Bewußtsein als Problem mit in die nächste Inkarnation.»[63]

Es gibt einen guten Grund, weshalb diese Therapeuten sich diesen doch leicht esoterischen Glauben so kollektiv zu eigen machen: Er stützt ihren Standpunkt, daß sich in allem ein Sinn und ein Grund finden lasse. Ohne diesen Glauben wird Leiden sinnlos. Darüber hinaus ist der Reinkarnationsgedanke ein unerschöpflicher Quell von Ad-hoc-Erklärungen: Wenn die psychische Ursache sich nicht in diesem Leben finden läßt, so ganz bestimmt in einem früheren. Myss: «Ich bin zu dem Schluß gelangt, daß [Reinkarnation] ein festes Fundament für die Überzeugung bildet, daß dieses Universum ein gerechtes, faires und mitleidsvolles System ist. Alles, was wir sind, und alle Umstände, in denen wir uns befinden, haben wir selbst ‹verdient›. Die Alternative – daß wir in die Umstände hineingeboren wurden, auf die wir nicht den geringsten Einfluß ausüben konnten (was bedeuten würde, daß wir völlig grundlos entweder mit Armut oder Mangel zu kämpfen haben oder mit Glück und irdischen Segnungen überhäuft werden) – ist in meinen Augen nicht akzeptabel.»[64]

Die angenehme Konsequenz dieser Überzeugung ist, daß die Ohrenmafia sich damit in einem Aufwasch peinlichen Fragen beispielsweise der Art entziehen kann, wie ihre Theorien sich mit angeborenen Mißbildungen oder Krankheiten in Einklang bringen lassen. «Wir können es schwer vermeiden, unser Bekenntnis zur Reinkarnation hier zu erwähnen», beichtet Dethlefsen, «da sonst unsere Darstellung von Krankheit und Heilung in einigen Fällen nicht mehr nachvollziehbar wäre. Denn vielen erscheint das inhaltliche Konzept der Krankheitssymptome sowohl auf Kinderkrankheiten als auch besonders auf angeborene Störungen unanwendbar zu sein.»[65] Die angeborene Krankheit ist der Gerichtsvollzieher aus einem früheren Leben, der an unbezahlte Rechnungen erinnert und sie jetzt eintreiben will.

Und so läßt sich auf einmal vieles erklären. «Wie ich bereits schrieb», sagt Troost, «Zufall gibt es nicht. Wenn wir davon ausgehen, ist es sinnvoll, sich als ungewollt kinderlos gebliebene Eltern zu fragen: warum? Warum sind die Eierstöcke blockiert? Es hat einen Grund. Es ist nicht einfach ein grausames Spiel der Natur. Dahinter verbirgt sich ein Sinn, auch wenn er nicht leicht zu erkennen ist. Will der Kosmos das ungeborene Kind vor Unheil bewahren? Würde den Eltern Kummer drohen, wenn sie ein Kind zur Welt brächten? Richtet das Kind später Unheil an?»[66] Vielleicht aber dürfen wir auch die Möglichkeit nicht ausschließen, daß es sich hier um unerwünschte Eltern handelt: Weit und breit ist keine Seele zu finden, die diese Eltern haben will.

Mit dieser Sicht kann die Ohrenmafia es sich in der Tat erlauben, dem Körper jegliche Autonomie und Einflußmöglichkeit abzusprechen. Er ist nichts weiter als ein geliehenes Kostüm, eine Hausaufgabe für unser Bewußtsein. Erst wenn die Lektion gelernt ist, dürfen wir in die nächsthöhere Klasse.

Der Körper ist ein notwendiges Übel auf unserem Weg zur Erleuchtung. Der Körper ist ein Umweg. Und zwar ein Umweg für «Bewußtseinsprozesse, die in die Körperlichkeit sinken und fallen, um hier ihre Umpolung zu erfahren und wieder in die Sphäre des Bewußtseins aufsteigen zu können.»[67] Der Körper hat alle Hände voll zu tun: all dies Fallen, Sinken und Umpolen von Bewußtseinsprozessen. Vom Bewußtsein abgewehrte Prinzipien «sinken in den Körper», unverarbeitete Konflikte «sinken in die Körperlichkeit», bei Allergien ist «die Aggression aus dem Bewußtsein in den Körper gestürzt und tobt sich nun hier aus».[68] Ein Glück, daß Troost den Körper als Fangnetz definiert und mit einem Mülleimer vergleicht, in dem unser unverarbeiteter emotionaler Müll landet:[69] Das schafft zumindest die Grundlage, auf die man gefahrlos fallen kann.

In psychoanalytischen Theorien ist das Unterbewußtsein der Ort, an dem die Konflikte und Emotionen landen, die wir nicht an uns heranlassen können oder wollen. Für Troost, Myss, Hay und Dethlefsen erfüllt der Körper diese Rolle. Der Körper ist das *greifbar* gewordene Unterbewußtsein; kein Wunder daher, daß sich an unserem Körper sämtliche unverarbeiteten Probleme ablesen lassen. Und daher glaubt Troost auch, das Berühren des Körpers genüge, um verborgene Konflikte schnurstracks an die Oberfläche und ins Bewußtsein zu bringen.

Den einzig richtigen und wirksamen Ansatz im Falle von Beschwerden, auch rein körperlichen, lieferten demnach die Haptonomie oder die Psychotherapie. «Immer noch denkt man bei *rein somatischen Symptomen* selten an die Möglichkeiten der Psychotherapie. Aus unserer Sicht und Erfahrung ist aber gerade die Psychotherapie die *einzige* erfolgversprechende Methode, körperliche Symptome wirklich zu heilen.»[70]

Survival of the fittest

Damit sind wir dann bei ihrem abschließenden Urteil über die Medizin angelangt. Denn obwohl ihre Kritik sich anfänglich gegen den mechanischen, funktionalen Ansatz der Schulmediziner richtete, stellt sich jetzt heraus, daß die meisten Autoren letztlich die Medizin insgesamt in Bausch und Bogen ablehnen. Allein schon der Gedanke, die Ursache für Krankheit und Heilung sei in äußeren Einflüssen auf den Körper zu suchen, sei grundverkehrt.

Die einzigen Ausnahmen bilden hier Siegel und Shealy. Shealy ist gern bereit, die Schulmedizin zu akzeptieren, allerdings nur in Kombination mit alternativen Heilmethoden. Das Verhältnis beider zueinander sieht er wie folgt: «Die holistische Heilkunde kann im Grunde nur dann als ‹holistisch› bezeichnet werden, wenn sie auch die traditionellen Methoden *einschließt*».[71]

Siegel erkennt an, daß «die komplexen Ursachen für eine Krebserkrankung nicht nur im menschlichen Geist zu suchen (sind). Gene und Karzinogene sind ebenfalls wichtige Faktoren, und genetische Erkenntnisse und der Einsatz für eine gesunde Umwelt sind wichtige Ziele.»[72] Er plädiert dafür, im Heilungsprozeß neben dem Einsatz herkömmlicher Therapien auch den Glauben des Patienten zu mobilisieren. «Die geistige Macht (ist) zwar kein Wundermittel, aber immerhin ein lohnenswerter Weg für Pharmazie, Chirurgie und Hygiene».[73] Trotzdem behauptet er, daß herkömmliche Behandlungen vor allem unter dem Aspekt des Zeitgewinns betrachtet werden müßten: «Ich empfehle meinen Patienten, gängige medizinische Techniken *nicht* von vornherein abzulehnen, sondern zumindest als eine Möglichkeit in Betracht zu ziehen. Die meisten Menschen sind einfach nicht stark genug, um ‹ihre Sorgen Gott zu überlassen›, das heißt, sich selbst zu heilen, indem sie seelischen Frieden und ein klares Gewissen entwickeln. Medikamente und chirurgische Eingriffe können einem Zeit verschaffen und vielleicht zur Heilung führen, während der Patient dazu beiträgt, sein Leben zu ändern.»[74] Die Rolle, die er dem Glauben bei einer Behandlung zuschreibt, bleibt beängstigend groß. Durch den Glauben komme es nicht nur zu Nebenwirkungen – «Ich versuche niemanden mit aller Gewalt dazu zu bringen, sich einer Strahlen- oder Chemotherapie zu unterziehen, wenn er sie für schädlich hält, weil er mir dann nur beweisen würde, daß er recht hat. Er wird jede erdenkliche Nebenwirkung aufweisen»[75] –, auch eine Heilung sei davon abhängig: «Später, nachdem ich [eine Patientin] gefragt hatte, wie sie ihre Krebserkrankung bewältigen wollte, wenn sie nicht einmal den Mut hatte, davon ein Bild zu malen, malte sie selbst ein Bild.»[76]

Siegels starke Betonung des Glaubens ist jedoch noch nichts im Vergleich zu den übrigen Autoren. Hay ist die Schulmedizin rundheraus suspekt. Die Chirurgie «hilft bei gebrochenen Knochen, Unfällen und bei Zuständen, die außerhalb der Möglichkeiten eines Anfängers liegen. Unter diesen Bedingungen mag es einfacher sein, sich operieren zu lassen und die heilende Bewußtseinsarbeit darauf zu konzentrieren, daß ein solcher Zustand nicht wieder entsteht.»[77] Fortgeschrittene schaffen das offenbar ganz aus eigener Kraft. Ärzte «behandeln (nur) die Symptome. Das tun sie auf zweierlei Art: Entweder sie vergiften oder verstümmeln.»[78] Das kommt fast dem Rat gleich, ganz auf die Konsultierung von Ärzten zu verzichten. Kein Wunder, daß Hay in späteren Auflagen ihres Buchs *Umkehr zur Liebe, Rückkehr zum Leben* eine Warnung ins Kolophon aufgenommen hat: «Die Autorin dieses Buches gibt hier keine medizinischen Empfehlungen und verordnet auch nicht – weder direkt noch indirekt – den Einsatz irgendeiner Methode im Sinne einer Behandlungsart für medizinische Probleme, die ohne den Rat eines Arztes anzuwenden wäre (...) Falls du Informationen aus diesem Buch für dich anwenden möchtest, behandelst du dich selbst, was dein freies Recht ist. Autor und Verleger dieses Buches übernehmen in diesem Falle jedoch keinerlei Verantwortung für dein Tun und dessen etwaige Folgen.» Zweifellos hatten Menschen, die sich völlig auf ihre Theorie verließen, Prozesse gegen sie angestrengt.

Troost unterstellt ein geheimes Komplott der Mediziner aus ökonomischen Motiven; übrigens ein Gedanke, der in alternativen Kreisen immer wieder zu hören ist. «Was ich jetzt sage, läßt sich bislang nicht beweisen, aber ich will es dennoch schwarz auf weiß sagen: Es ist nicht undenkbar, daß Kranksein dadurch am Leben erhalten wird, daß man Krankheitssymptome mit Medikamenten behandelt, anstatt über ein geistiges Gesundheitsbewußtsein gegen sie vorzugehen. Es ist nicht undenkbar, daß der Kern der Krankheitsproblematik deshalb nicht angepackt wird, weil die Wirtschaft nicht gefährdet werden soll.»[79]

Dethlefsen & Dahlke werden rundheraus gehässig. Als erstes bekommt – erstaunlicherweise – auch die Naturmedizin ihr Fett ab. «Die Philosophie ist hier die gleiche wie in der Schulmedizin, lediglich die Methoden sind etwas *ungiftiger* und *natürlicher*.»[80] Antibiotika seien schon deutlich schlimmer und, wie der griechische Name bereits enthülle, «gegen das Leben gerichtet»: Es seien «Fremdstoffe, die der Betroffene nicht durch eigene Mühe erarbeitet hat, sie betrügen ihn deshalb um die eigentlichen Früchte seines Krankseins: den durch Auseinandersetzung erarbeiteten Lerngewinn.»[81] Prothesen und Operationen seien vollends von Übel. Getreu ihrer Grundthese, daß «Krankheit ehrlich macht», da «der Körper leben muß, was der Betreffende sich in seiner Psyche niemals trauen oder eingestehen will»[82], halten sie Hilfsmittel und Eingriffe für nichts anderes als Betrug. «Eine Prothese [ist] immer eine Lüge, denn etwas nicht Vorhandenes wird künstlich vorgetäuscht. Wenn ein Mensch innerlich starr und unbeweglich ist, jedoch in seinem äußeren Verhalten Beweglichkeit vortäuscht, so korrigiert das Hüftsymptom ihn in Richtung größerer Ehrlichkeit. Diese Korrektur wird durch ein künstliches Gelenk, durch eine neue Lüge aufgehoben und körperlich weiterhin Beweglichkeit vorgetäuscht.»[83]

Die Medizin verdecke unser schwarzes und ersticktes Unterbewußtsein, sei trügerische Kosmetik: Jede Medizin sei falscher Schein. «Um sich ein Bild von der Unehrlichkeit, welche durch die Medizin ermöglicht wird, zu machen, stelle man sich einmal in Gedanken folgende Situation vor: Wir nehmen an, daß es möglich wäre, durch einen Zauberspruch schlagartig bei allen Menschen alle künstlichen Prothesen und Veränderungen verschwinden zu lassen, als da sind: alle Brillen und Kontaktlinsen, Hörgeräte, künstliche Gelenke, künstliche Zähne, die gelifteten Gesichter nehmen wieder ursprüngliches Aussehen ein, alle Knochennagelungen verschwinden, die Herzschrittmacher lösen sich auf, sowie alles Sonstige, was da an Stahl und Plastik in die Menschen kunstvoll eingebaut wurde. Der Anblick, der sich jetzt böte, wäre entsetzlich! Nun nehmen wir durch einen weiteren Zauberspruch alle medizinischen Erfolge zurück, die den Menschen vor dem Tod bewahrt haben, dann finden wir uns inmitten von Leichen, Krüppeln, Hinkenden, Halbblinden und Halbtauben. Es wäre ein erschreckendes Bild – aber es wäre ehrlich! Es wäre der sichtbare Ausdruck der Seelen der Menschen. Viel ärztliche Kunst hat es ermöglicht, uns diesen grauenhaften Anblick zu ersparen, indem man fleißig die Körper der Menschen restauriert und mit Prothesen aller Art so ergänzt, daß sie zum Schluß fast wie echt und lebendig aussehen. Doch was ist aus den Seelen geworden? An ihnen hat sich nichts geändert – sie sind weiterhin tot oder blind, taub, steif, verkrampft, verkrüppelt, aber wir sehen es nicht.»[84]

Und am Schluß teilen sie uns noch ihre Ansicht zu Safer Sex mit. Der Aids-Patient, der wie bereits zitiert «auf der Körperebene die Liebe, die Offenheit und die damit verbundene Berührbarkeit und Verletzbarkeit, die er auf der seelischen Ebene aus Angst vermied» wieder erfährt und damit seinen Körper so heilsam geöffnet sieht, bekommt noch folgendes reingewürgt: «Durch die Verwendung von Condomen (und Gummihandschuhen) wird nun die ‹Grenze› künstlich wiederaufgebaut, die AIDS auf der Körperebene abbaut.»[85] Wäre es Dethlefsen vielleicht lieber, daß jeder sich selbst und andere einfach der Infizierung aussetzt, auf daß nur die Reinen im Geiste übrigbleiben?

Die Kritik an funktional-technischen Handeln in der Medizin, die für viele Leser der Grund ist, weshalb sie zu den Büchern dieser Quackdenker greifen, ist für diese Autoren ein Gleitmittel auf der Rutschbahn. Einer Rutschbahn, die bei der totalen Verdammung medizinischen Wissens und Handelns endet, und zugleich eine New-Age-Variante zum Gedankengut des «survival of the fittest».

Wille versus Schicksal

Fragen über Fragen, die die Ohrenmafia damit auslöst. So kann ich mich nur maßlos darüber wundern, auf welche Weise sie unser Unterbewußtes darstellen. Das Unterbewußtsein ist demnach wie der Körper, ist aber mehr als dieser. Einerseits ist es ein hirnloses Kraftpaket, das «alles für wahr hält, was Sie ihm einprägen und bewußt glauben» und unsere Befehle unverzüglich ausführt.[86] Andererseits ist es «allweise und kennt die Antwort auf jede Frage» und ist Teil der «Vernunft des Universums», die «immer auf Ihre Gedanken und Worte antwortet».[87] Einerseits erscheint das Unterbewußte als allmächtige Kraft, der nichts unmöglich ist: ein göttlicher Verbündeter, der Krebs und Aids heilen und uns glücklich und reich machen kann. Andererseits ist das Unterbewußtsein ein gefährlicher Gegner, der – entgegen unserem Willen – unsere düsteren Gedanken mit teuflischem Vergnügen Wirklichkeit werden läßt.

«Hüten Sie Ihre Gedanken», sagen Murphy, Hay und Siegel immer wieder. Murphy: «Überlegen Sie sorgfältig Ihre Worte, denn jede unüberlegte Silbe wird sich an Ihnen rächen.»[88] Siegel: «Ich kann Ihnen nur dringend raten, niemals absichtlich irgendwelche negativen Gedanken in bezug auf Ihren Körper herbeizuführen (...) Denn Ihre Vorstellungen könnten nur allzu wahr werden.»[89] Und wenn Hay mit fast sardonischer Freude von einer Frau berichtet, die nach «dem Loslassen einer alten Angst» plötzlich wieder gut sehen konnte, durch den wiederholt geäußerten Gedanken der Ungläubigkeit ihr Sehvermögen jedoch ebenso plötzlich wieder verlor,[90] wird auf schmerzliche Weise deutlich: Der Feind schläft nie. Hay und Murphy stacheln den Leser zu permanenter Wachsamkeit und nie nachlassender Selbstkontrolle an. Ertappen Sie Ihren Geist, damit Ihr Körper Sie nicht ertappt.

Wo aber soll man mit *Heilen* anfangen? Eine Krankheit äußert sich selten in nur einem Symptom. Muß man jedem Symptom einzeln zu Leibe rücken und versuchen, seine «mentalen Äquivalente» aufzulösen, auch wenn diese sich möglicherweise gegenseitig widersprechen? Oder genügt es, die «Hauptursache» anzupacken? Wem soll man übrigens glauben bei der Deutung der «wahren» Ursache einer Krankheit? Die einzelnen Therapeuten liefern erwartungsgemäß unterschiedliche Erklärungen. Und was tun, wenn sich drei Jahre nach dem ersten Auftreten eines schmerzenden Beines herausstellt, daß es sich bei genauerer Betrachtung um keinen Bandscheibenvorfall, sondern um eine Bindegewebserkrankung handelt? Oder wenn sich nach endlosem psychologischen Herumdoktern am Geist zeigt, daß die zeitweilige Erblindung, die Gleichgewichtsstörungen, Muskeltics und

Müdigkeit alle auf eine einzige Krankheit zurückzuführen sind, nämlich Multiple Sklerose? Hat man jahrelang umsonst versucht, den falschen «verdrängten Inhalt» ans Licht zu bringen?

Und wenn uns unsere Gedanken krank machen, warum werden dann Tiere – Hunde, Katzen, Goldfische, Meerschweinchen, Eidechsen, Kanarienvögel und Elefanten – krank? Wie entstehen Krankheiten bei Pflanzen? Denken Tiere und Pflanzen auch? Leben Ulmen und Schweine nach «falschen mentalen Mustern» und haben sie ein Unterbewußtsein, das ihre Gedanken beim Wort nimmt?

Warum sprechen diese Therapeuten ständig von einem Recht auf Gesundheit (was es nicht gibt: Wir haben ein Recht auf Gesundheitsfürsorge, und das ist etwas völlig anderes), während sie gleichzeitig vornehmlich von der *Pflicht*, gesund zu sein, sprechen? Hay beteuert: «Ich akzeptiere vollkommene Gesundheit als einen natürlichen Zustand meiner Existenz.»[91] Ist Krankheit denn widernatürlich? Siegel suggeriert: «Ich würde vorschlagen, daß Patienten ihre Krankheit nicht als den Willen Gottes ansehen, sondern als eine Abweichung vom Willen Gottes.»[92] Murphy gibt sich am sichersten: «Krankheit (...) ist abnormal. Gesundheit ist der wahre Seins-Zustand.» Und: «Wer krank ist, denkt negtiv und schwimmt gegen den Strom des Lebens an.»[93]

Woher aber dieser anklagende Finger, diese Aggression gegen Kranke? «Dieses Buch ist unbequem», warnen Dethlefsen & Dahlke ihre Leser im Vorwort, «denn es entzieht dem Menschen die Krankheit als Alibi für seine ungelösten Probleme. Wir wollen zeigen, daß der Kranke nicht unschuldiges Opfer irgendwelcher Unvollkommenheiten der Natur, sondern auch der Täter selbst ist.»[94] Auch hier treibt Murphy es besonders bunt, wenn er die «Beweis-Methode» erläutert, die er Ärzten empfiehlt: «Die Beweis-Methode (...) besteht in einer logischen Beweisführung, mittels derer man sich selbst und den Patienten davon überzeugt, daß seine Krankheit nichts anderes als die Folge seines Irrglaubens, seiner grundlosen Befürchtungen sowie negativer Gedanken und Vorstellungen ist. (...) Man schmiedet eine möglichst lückenlose Beweiskette für die Existenz dieser inneren heilbringenden Macht (...) Als nächstes fällen Sie im kritischen Gericht Ihres Geistes eine Entscheidung – ein Urteil zu Ihren Gunsten oder zugunsten des betreffenden Kranken. Sie sprechen ihn durch Glauben und seelisches Einfühlungsvermögen von seinen Leiden frei.»[95] Was aber, wenn der Patient das Urteil aus «dem Gericht des Geistes» nicht annimmt? Ewige Verbannung in den Kerker eines kranken Körpers?

Immer wieder beschleicht mich das Gefühl, daß diese Autoren Gesunde über Kranke stellen. Sie reden Menschen, die nichts oder nur etwas Geringfügiges haben, ein, daß ihre Fähigkeit, mit Problemen umzugehen, auf jeden Fall ziemlich intakt sei; daß sie trotz der möglicherweise mißlichen Situation, in der sie sich befinden, psychisch richtig funktionierten. Immerhin brauchten sie sich nicht in eine Krankheit zu flüchten? Solche Theorien vermitteln gesunden Menschen ein illusorisches Gefühl der Sicherheit: Sofern du nur positiv denkst, kannst du dich für allezeit vor Krankheit schützen. Es fragt sich jedoch, ob man sich gegen Krankheit immunisieren kann.

Wenn die New-Age-Therapeuten davon ausgehen, daß Körper und Geist unverbrüchlich verbunden sind – ein Ausgangspunkt übrigens, den ich absolut nicht anfechten möchte –, warum beschreiben sie dann ausschließlich eine Einbahnstraße? Nirgends finde ich, daß der Körper den Geist beeinflussen kann. Sie sprechen immer nur von *mind over matter* oder besser gesagt: *mind over body*. «Befehlen Sie Ihrem Körper, sich zu entspannen, und er wird Ihnen gehorchen», schreibt Murphy.[96] Aber läßt sich ein spastischer Muskel so auf Befehl unter Kontrolle bringen?

Diese Therapeuten suggerieren immer wieder, den körperlichen Veränderungen, die der Geist bewirken könne, seien keine Grenzen gesetzt, unser Körper sei wie Wachs in spirituellen Händen. Shealy & Myss geben immerhin vage Grenzen an, wenn sie sagen, Erbfaktoren wie Körpergröße oder Blutgruppe seien durch Visualisierungen nicht zu verändern, machen aber gleich danach einen Rückzieher: «Hierzu muß aber auch gesagt werden, daß die Frage nach der Rolle der Vererbbarkeit noch nicht definitiv beantwortet werden kann, da alle holistischen Methoden noch in den Kinderschuhen stehen und wir das Gesamtpotential des menschlichen Geistes zur Beeinflussung des Körpers noch nicht überblicken können. Im Augenblick sind wir noch nicht in der Lage, genetische Beschränkungen aufzuheben, aber wer kann sagen, was in etwa fünfzig Jahren möglich sein wird?»[97] Es besteht also noch Hoffnung für künftige Transsexuelle, sofern sie Transvestismus fortan als Visualisierung bezeichnen.

Und welche Rolle spielen Glaube und Vertrauen bei der Heilung? Sollte es etwas derartiges wie Selbstheilungskraft, die sich, abgesehen vom Placebo-Effekt, mobilisieren läßt, tatsächlich geben, so muß man, scheint mir, empfänglich für Suggestionen sein. Ist dies das Todesurteil für die Skeptiker unter uns? Oder ist Nüchternheit ebenfalls ein Zeichen mangelnder Selbstliebe, ein Zeichen von Mißtrauen gegenüber der Vollkommenheit dieses Lebens? Und warum schüren sie das latente Mißtrauen gegenüber den Medizinern, geben aber Zweifeln an den eigenen Denkansätzen keinerlei Raum? Warum müssen wir, wenn unser Körper den Medizinern in die Hände gefallen ist, unsere Seele so uneingeschränkt und vorbehaltslos in *ihre* Hände legen?

Legitimieren sie nicht die Angst vieler Patienten vor beispielsweise einer Chemotherapie oder Operation? Liefern sie ihnen damit nicht ein Argument, um sagen zu können: «Ich habe Angst davor, also glaube ich nicht daran, und dann wirkt es auch nicht, also lassen Sie es?» Ist diese so mentale Behandlung von Krankheiten wie Krebs nicht auch eine Methode, wie Krebspatienten ihre Krankheit leugnen können, als bestünde sie nur in ihrem Kopf und nicht in ihrem Körper?

Seltsam auch, daß sie rationales Denken und wissenschaftliche Weltbilder so rigoros ablehnen, auf der Ebene des Geistes jedoch mit physikalischen Begriffen liebäugeln und fortwährend mit Ausdrücken wie «Naturgesetz», «die Gesetze des Geistes», «Energiebahnen», «die Gesetze der Logik» etc. operieren. Hay vergleicht die Ergründung der «geistigen Gesetze» einmal sogar mit der Erlernung des Computers. «Ich entdeckte, daß das Lernen des Computer-Systems dem Lernen der geistigen Gesetze sehr ähnlich ist. Wenn ich die erlernte Gesetzmäßigkeit des Computers anwandte, ‹zauberte› er für mich. Wenn ich seinen Gesetzen aber nicht aufs Wort folgte, passierte nichts, oder er funktionierte nicht so, wie *ich* es wollte. Er gab nicht einen Millimeter nach. Also mußte ich üben. Dasselbe gilt für die Aufgabe, die Sie jetzt bewältigen wollen. Sie müssen die geistigen Gesetze lernen und sie genau befolgen. Sie können sie nicht Ihrer alten Denkweise unterwerfen.»[98] Als ob unser Denken und Fühlen nicht wesentlich flexibler wäre als ein Naturgesetz, ganz abgesehen davon, daß ein Computer nur in den Augen desjenigen ‹zaubert›, der so ein Ding nicht versteht.

Das Weltbild dieser Therapeuten ist im Grunde so simpel, fast mechanistisch. Wenn du dies tust, dann passiert das. Genauso wie Krankheit die unvermeidliche und unerbittliche oder sogar gerechte Folge bestimmter Denkweisen ist, führt positives Denken unausbleiblich zu Veränderungen. Der Zufall ist aus ihrem Universum verbannt; nichts geschieht ohne Grund oder Ursache, nichts ist unmöglich, und für alles gibt es eine Erklärung. Beruhigend ist eine solche Denkweise schon: fast eine Regression in die Kindheit, als wir glaubten, alles drehe sich nur um uns, die Welt versinke, wenn wir die Augen schlössen und uns werde etwas Schönes widerfahren, wenn wir beim Himmel-und-Hölle-Spiel nicht auf die Ritzen zwischen den Pflastersteinen hüpften.

Und dennoch verstehe ich, warum ihre Bücher so verführerisch sind. Selbst ich denke manchmal, wenn ich, mit einem Bleistift bewaffnet, um am Rand meine Aggressionen abreagieren zu können, ihre Theorien lese: Wäre es nur so. Wären wir nur allmächtig. Auch ich wünschte mir, hüpfen zu können, ohne auf die Ritzen zu treten, und dadurch mein Leben in die richtigen Bahnen zu lenken. «Was wir geben, bekommen wir auch zurück. Das Universum unterstützt vollständig jeden Gedanken, den wir denken und glauben wollen. (...) Welcher Art diese Überzeugungen auch sein mögen, sie werden in den Erfahrungen wieder erzeugt, die wir während des Heranwachsens machen. Wir haben es jedoch nur mit Gedankenmustern zu tun; und der Augenblick der Macht ist immer gegenwärtig.»[99] Wäre es nur so simpel, könnten wir unsere «Gedankenmuster» und alles, was wir erlebt haben, eins, zwei, drei durch Willensentschluß hinter uns lassen, wie eine alte Haut abstreifen und wegwerfen. Darüber hinaus verstehe ich, wie überaus wichtig das Gefühl von Einfluß und Kontrolle ist, das die Ohrenmafia uns vorgaukelt: denn nur zu oft mangelt es uns daran, zumal wenn sich unser Körper, immerhin unser einziger und letzter Halt, als unzuverlässig erweist und uns im Fallen mitreißt, uns mit unserer Verletzbarkeit und Sterblichkeit konfrontiert. An einen Geist, der wie der Baron von Münchhausen Körper aus dem Sumpf des Lebens zieht, kann ich allerdings nicht glauben.

Die Frage «warum bin ich krank?» ist ja im Grunde nur eine Zuspitzung der allgemeineren Frage «warum lebe ich?» und ebenso unbeantwortbar. Daß sich auf die zweite Frage nicht ohne weiteres eine Antwort geben läßt, die vor der Zeit und existenziellen Zweifeln Bestand hat, macht sie deshalb noch nicht sinnlos, im Gegenteil. Eine Erklärung für ihre Krankheit zu suchen ist eine Reaktion, die viele Menschen zeigen – in dem Versuch, neuen Halt zu finden. Überdies bietet eine Erklärung, sei sie nun tauglich oder nicht, gleichzeitig eine Perspektive: So entsteht eine Richtschnur für künftiges Handeln.[100] Als nächstes können wir dann darüber diskutieren, ob die Erklärung, die diese Menschen für ihre Krankheit anführen, stimmt, und falls ja, ob sie auch auf andere Menschen zutreffen könnte. Vielleicht aber ist es vernünftiger festzustellen, daß nicht die Erklärung selbst, sondern *der Prozeß der Sinnfindung* entscheidend ist, wenn es darum geht, die Krankheit besser akzeptieren zu können.

Aber wir wissen noch so wenig. Wie wir krank werden, ist vorläufig noch ein Rätsel, in das die Psychoneuroimmunologie möglicherweise Licht bringen kann. Warum wir krank werden, ist schon gar ein Rätsel: Einige gehen davon aus, daß wir krank werden, *weil* wir eine bestimmte Aufgabe, einen bestimmten Auftrag ausführen müssen; andere meinen, daß wir krank werden und *dann* bestimmte Probleme zu lösen haben. Die Frage nach dem Wie und Wozu des Krankseins zu einem großen Warum zusammenzufassen, wie es die Ohrenmafia tut, führt uns allerdings nur noch tiefer in den Sumpf.

DIE THERAPEUTEN

Dr. Bernie Siegel, Krebschirurg und Autor des Buches *Prognose Hoffnung*, sieht es als «seine Hauptarbeit als Arzt» an, «den betroffenen Menschen dabei zu helfen, andere Menschen zu werden, damit sie sich der unerwünschten, unkontrollierten Entwicklung der Krankheit widersetzen können» (S. 112). Die Techniken, die er dazu anwendet, sind positives Denken und Visualisierungen, das heißt, die gedankliche Vorstellung aller möglichen Bilder: «Unsere Emotionen und Worte lassen den Körper wissen, was wir von ihm erwarten, und indem wir uns bestimmte Veränderungen vorstellen, können wir dem Körper helfen, sie zustande zu bringen» (S. 102). Denn «die Visualisierung macht sich eine Tatsache zunutze, die man fast als ‹Schwäche› des Körpers bezeichnen könnte: Er vermag nicht zwischen einer lebhaften psychischen Erfahrung und einer tatsächlichen physischen Erfahrung zu unterscheiden.» (S. 207). Gleichzeitig läßt er seine Patienten Bilder malen, um deren unbewußte Vorstellungen von ihrer Krankheit und deren Behandlung durch ihn sichtbar zu machen und so tief verborgene innere Konflikte aufzudecken. Wegen der Bedeutung, die er der Symbolik des Unterbewußten beimißt, bezeichnet er sich selbst als «Jungscher Chirurg».

Ted Troost, Autor des Buches *Het lichaam liegt nooit* (Der Körper lügt nie), ist Physiotherapeut und Haptonom. Die Haptonomie, sagt Troost, «bringt den Menschen bei, zu fühlen. Sie wendet sich an den menschlichen Tastsinn und dessen Entwicklung. Tasten – Berühren – und Gefühlsleben sind untrennbar miteinander verbunden. Darauf baut die Haptonomie auf. Je besser das Tastvermögen ist, um so besser fühlt man und kann seine Existenz und sein Leben erfühlen» (S. 35). Berührung liegt Troost zufolge an der Schnittfläche von Körper und Geist. In seinem Buch meint Berührung abwechselnd emotionalen und physischen Kontakt; Troost verwendet diese beiden Begriffe als austauschbare Größen, unterschiedliche Manifestationen des Gefühls. «Bewußtes Berühren und Tasten führen zu einer Begegnung. Die dadurch ausgelösten Gefühle helfen uns, uns im Einklang mit unserer Umgebung zu befinden und gute Beziehungen aufzubauen. Tasten und Fühlen lösen also immer Gefühle aus. Haptonomie ist die Lehre vom Tastsinn und bewegt sich daher im Bereich des menschlichen Gefühlslebens.» (S. 38)

Het lichaam liegt nooit gehörte nach seinem Erscheinen 1988 monatelang zu den bestverkauften Büchern in den Niederlanden und erlebte bereits 1990 seine 10. Auflage.

Dr. *Joseph Murphy*, ursprünglich Chemiker von Beruf, publizierte unter anderem *Die Macht Ihres Unterbewußtseins*. Auch er sucht die Ursache für Versagen und Scheitern in falschen Denkweisen. Um diese zu bekämpfen, plädiert er für das wissenschaftliche Gebet, ein «harmonisches Zusammenwirken der bewußten und unterbewußten Geisteskräfte, die mittels wissenschaftlich gesicherter Methoden zur Verwirklichung eines bestimmten Ziels eingesetzt werden.» (S. 15). Dies geschieht in erster Linie durch Visualisierungstechniken; dabei soll man sich die gewünschte Situation im Geist vorstellen und einprägen und sich dabei stets vor Augen halten, daß diese Situation kein Bild, sondern Wirklichkeit ist. «Was Sie auch immer beanspruchen und im Geiste bereits als verwirklicht betrachten, wird Ihr Unterbewußtsein als bereits bestehende Tatsache hinnehmen und schnellstens vollziehen. An Ihnen liegt es, Ihr Unterbewußtsein zu überzeugen, und das ihm innewohnende Gesetz wird wunschgemäß für Gesundheit, Harmonie oder berufliche Anerkennung sorgen. In *Ihren* Händen liegt die Kommandogewalt, *Sie* erteilen die Befehle – und Ihr Unterbewußtsein wird gehorchen und treu Ihre Eingebungen verwirklichen.» (S. 31–32)

Die Macht Ihres Unterbewußtseins, 1967 erschienen, verkauft sich in den Niederlanden zur Zeit mit 7000 Exemplaren pro Jahr und steht auf der Bücherliste, die das Antonie-van-Leeuwenhoek-Krankenhaus seinen Patienten empfiehlt. In Deutschland hat es in 25 Jahren 51 Auflagen erreicht.

Norman Shealy & Caroline Myss, Neurochirurg mit starkem Interesse an Parapsychologie beziehungsweise ehemalige Theologin und Journalistin, sind die Autoren des zweibändigen Werkes *The Creation of Health* (Wie mache ich mich gesund?). Darin versuchen sie, die Schulmedizin und die holistische Heilkunde zusammenzuführen, wozu sie – abwechselnd – verschiedene Krankheiten und Krankheitsfälle deuten. Neben der bekannten Kasuistik (Beschreibung von Krankheitsfällen) arbeiten sie mit einem System von acht Streßmustern und einer «Energieanalyse» auf der Grundlage der sieben Chakren, die jeder Mensch angeblich besitzt. Myss erstellt intuitive Diagnosen, die sie Shealy telefonisch mitteilt, wenn der betreffende Patient bei ihm im Sprechzimmer sitzt. Das einzige, was sie dafür benötigt, sind Geburtsdatum und Name des Patienten. «Ich [kann] auf intuitivem Weg das Vorhandensein einer physischen Erkrankung im Körper des Betreffenden identifizieren und lokalisieren. Wichtiger ist jedoch, daß ich jetzt in der Lage bin, die Muster von emotionalem, psychologischem und spirituellem Streß im Leben des Patienten zu erkennen und zu identifizieren.» (S. 21) Shealy & Myss glauben, daß Krankheit «ein Zustand [ist], bei dem die Seele durch die Persönlichkeit blockiert wird» (S. 76).

The Creation of Health hat nach den Worten des Verlegers sehr gute Zukunftschancen, gerade wegen des Zusammenwirkens zwischen einem normalen Arzt und einem paranormalen Heiler. (In Deutschland liegt dieses Buch in Übersetzung nicht vor.)

Louise Hay publizierte u.a. *Gesundheit für Körper und Seele* und *Umkehr zur Liebe, Rückkehr zum Leben*. Sie geht davon aus, daß falsche Gedankenmuster – die man als Selbstkritik und Selbsthaß zusammenfassen kann – die Ursache aller Probleme sind, mit denen wir konfrontiert werden. «Wie auch immer das Problem gelagert ist, es entsteht durch ein Gedankenmuster, und Gedankenmuster können verändert werden! All diese Probleme, mit denen wir in unserem Leben ringen und jonglieren, mögen als wahr empfunden werden, mögen wahr erscheinen. Es spielt jedoch keine Rolle, wie schwierig ein Thema ist, es ist nur das äußere Ergebnis oder die Folge eines inneren Gedankenmusters.» (S. 61) Um diese mentalen Muster zu verändern, arbeitet sie mit Visualisierungen, Meditationen und Affirmationen, d. h. positiven Bekräftigungssätzen. Denn: «Was immer wir gedacht oder gesprochen vermitteln, wird in ähnlicher Form zu uns zurückkehren» (S. 64). «Dasselbe gilt für das Schaffen eigener, neuer Erfahrungen. Die Erde, in die Sie einsäen, ist Ihr Unterbewußtsein. Das Samenkorn ist die neue Affirmation. *Alle Ihre neuen Erfahrungen stecken in diesem winzigen Samenkorn*. Sie wässern es mit Affirmationen. Sie lassen es vom Sonnenschein positiver Gedanken bescheinen. Sie jäten das Unkraut im Garten, indem Sie die aufkommenden negativen Gedanken entfernen. (...) Dann beobachten Sie sein Wachsen, und es wird Ihr Wunsch sein, den Abschluß zu erleben.» (S. 120)

Gesundheit für Körper und Seele hat in den Niederlanden zwei Jahre lang fast ununterbrochen auf der Liste der zehn meistverkauften Sachbücher gestanden und sich allein dort rund 100 000mal verkauft; von den Kassetten mit Texten aus ihrem Buch wurden 50 000 Stück verkauft. Auch in Deutschland hat dieser Titel als Taschenbuch 16 Auflagen erreicht.

Thorwald Dethlefsen & Rüdiger Dahlke, die Autoren von *Krankheit als Weg*, suchen die Entstehung von Krankheiten im Polaritätsprinzip. Wir denken in Dichotomien, in Entweder-Oder, und jedes Prinzip, das wir nicht integrieren wollen, landet in unserem «Schatten». Dieser Schatten manifestiert sich in der Krankheit: «Weigert sich ein Mensch, ein Prinzip in seinem Bewußtsein zu leben, dann sinkt dieses Prinzip in den Körper und erscheint hier als Symptom. Dies zwingt den Menschen, das abgewehrte Prinzip dennoch zu leben und zu verwirklichen.» (S. 62) In diesem Sinne macht Krankheit den Menschen heil, denn: «So ist das, was man hat, Ausdruck dafür, daß *etwas fehlt*. Es fehlt an Bewußtheit, dafür hat man ein Symptom.» (S. 23)

Heilung erfolgt nur dann, wenn der kranke Mensch sich klarmacht, was seine Krankheit ihm zu sagen hat, und das Prinzip, das in der Krankheit physisch gelebt wird, in sein Bewußtsein zu integrieren versteht. «Der Schatten macht krank – die Begegnung mit dem Schatten heil! Dies ist der Schlüssel zum Verständnis von Krankheit und Heilung. Ein Symptom ist immer ein in die Stofflichkeit [= den Körper, K. S.] gesunkener Schattenanteil. Im Symptom manifestiert sich das, was dem Menschen fehlt. Im Symptom lebt der Mensch das, was er im Bewußtsein nicht leben wollte. Das Symptom macht den Menschen über den Umweg des Körpers wieder ganz.» (S. 61–62)

KRANKHEIT ALS SCHULD?

I don't care
If only I could say that
and not feel so sick and scared
I don't care
If only I could say that
The Cure – The Top

Ärzte umgibt noch immer eine Aura, die an Göttlichkeit grenzt, eine Aura, die wir, die Patienten, ihnen zusprechen – und obwohl manche Ärzte sich diesen Status gern gefallen lassen, versuchen die meisten mühsam, sich von ihm zu befreien und ihre Patienten von den Grenzen der Medizin zu überzeugen. Es fällt uns selber jedoch oft schwer, Ärzte als normale Menschen mit einem ganz speziellen Wissen zu sehen. Sie sind und bleiben die Überbringer ängstlich erwarteter Nachrichten über Leben und Tod sowie diejenigen, die versuchen, die Grenze zwischen beiden zugunsten des Lebens zu verschieben. Wundersamerweise vermögen sie nicht greifbare Vorgänge in unserem Körper zu verstehen und – teilweise – sogar zum Stillstand zu bringen oder umzukehren. Wir hoffen und glauben, daß sie uns auch von lästigen, schmerzhaften, invalidisierenden, chronischen oder möglicherweise tödlichen Erkrankungen befreien können. Wir wünschen uns sehnlichst, daß sie uns unseren durch Krankheit enteigneten und entfremdeten Körper wieder zurückgeben.

Ärzte sind zugleich auch Portiers. Hausärzte leiten an Fachärzte weiter, Fachärzte sorgen für den Zugang zu Untersuchungen und Operationen. Für zahlreiche Sozialleistungen sind wir von den Medizinern abhängig. Das Krankenversicherungsgesetz wird von Ärzten bewacht; bei der Beantragung einer Erwerbsunfähigkeitsrente werden wir von Ärzten untersucht und nachuntersucht. Ärztliche Untersuchungen entscheiden auch darüber, ob einem so unterschiedliche Dinge wie Taxigeld, ein Behindertenparkplatz, eine Umzugskostenerstattung, ein Rollstuhl oder eine Parterrewohnung zuerkannt werden. Bei immer mehr Berufen ist eine Einstellung von einer medizinischen Untersuchung abhängig, und auch beim Abschluß von Lebensversicherungen wird es die Regel, daß der Versicherungsnehmer sich zuerst einmal einer ärztlichen Untersuchung unterziehen muß.

Und Ärzte sind Seelsorger. Als Ratgeber und Beistand bei Schmerzen und Beschwerden sowie aufgrund des regelmäßigen Kontakts mit ihren Patienten sind sie sowohl diejenigen, die einen Haushalt oft am besten kennen, als auch diejenigen, die bei emotionalen oder sozialen Problemen am leichtesten erreichbar scheinen. Die Schwelle liegt beim Arzt niedriger als bei der psychiatrischen Ambulanz, nicht zuletzt deswegen, weil es einfacher scheint, von körperlichen Beschwerden zu sprechen als zuzugeben, daß man psychische Probleme hat.

Zumindest die Hausärzte wissen inzwischen um ihre Aufgabe als Hauspsychologen, eine Aufgabe, die im übrigen durch verschiedene gesellschaftliche Entwicklungen immer mehr Gewicht erhält. Hausärzten wird in zunehmendem Maße die Funktion einer sozialen Früherkennungsinstanz zugeschoben: Wir legen ihnen ans Herz, Dinge zu hinterfragen, zu schauen, ob sich hinter einer scheinbar harmlosen Beschwerde nicht andere Probleme verbergen. Wir verlangen von den Hausärzten, zu ermitteln, ob nicht möglicherweise Mißhandlung, Inzest, Partnerprobleme, eine nicht verarbeitete Scheidung, Alkoholismus oder Spannungen am Arbeitsplatz hinter der Erkrankung stecken. Wir haben Ärzte eingeschaltet, damit sie Schiedsrichter zwischen Körper und Geist spielen: Der Arzt soll im Falle unklarer Ursachen entscheiden, in welchem der beiden Bereiche die Ursache zu suchen ist. Das ist keine einfache Aufgabe, nicht einmal dann, wenn der Arzt sich dessen bewußt ist, daß beide nicht so leicht zu trennen sind. Außerdem ist zu fragen, ob Ärzte mit ihrer natürlich stark medizinisch ausgerichteten Ausbildung dieser Aufgabe gewachsen sind.

Der Ausweg, den die meisten Ärzte, und zwar sowohl die Haus- als auch die Fachärzte, häufig aus diesem Dilemma wählen, ist, zunächst eingehende medizinische Untersuchungen vorzunehmen, um damit physische Ursachen für die Beschwerden ausschließen zu können. Dann erst werden mögliche sozialpsychologische Faktoren in Erwägung gezogen. Wenn sich auch auf dieser Ebene keine eindeutigen Probleme nachweisen lassen, fällt schließlich das Wort Streß. Das macht Streß zu einer zweitinstanzlichen Diagnose: einer Diagnose, die erst gestellt wird, wenn – zum gegebenen Zeitpunkt und beim gegebenen Stand von Wissen und Technik – keine erkennbare körperliche Ursache gefunden werden kann. Einer Diagnose auch, die sich Facharzt und Hausarzt gegenseitig zuschieben, weil letzterer den Patienten immer wieder zu einem anderen Facharzt überweisen kann, während von ersterem erwartet wird, daß er das endgültige Urteil fällen kann, obwohl sein Wissen sich auf sein Spezialfach beschränkt. Der Patient sammelt auf diesem Weg von Pontius zu Pilatus lediglich immer mehr Überweisungen.

Daß Streß fast ausschließlich als letzte Diagnose gestellt wird, hat zudem zur Folge, daß psychosomatische Beschwerden eine Art von Restkategorie werden. Als ob in dem Fall, wo tatsächlich eine eindeutig nachweisbare Krankheit gefunden wird, gleichzeitig nicht auch sozialpsychologische Faktoren eine Rolle spielen könnten, unabhängig von der Entstehung der Krankheit oder möglicherweise sogar im Zusammenhang damit. Ich will damit auf keinen Fall dafür plädieren, daß ein Arzt nach Streßfaktoren zu suchen hätte, wenn jemand an Star, Hämorrhoiden oder einem verstauchten Knöchel leidet, sondern lediglich auf die Konsequenzen dieser Einstellung hinweisen. Gerade weil soziale oder emotionale Spannungen in solchen Fällen nie zur Sprache kommen, wird Streß zu einer Restkategorie abgewertet, in die der Patient sich abgeschoben fühlt. Streß ist die Mülleimerdiagnose. Als ob Streß eine Antwort wäre, die nicht selbst auch einer genaueren Untersuchung und Diagnose bedürfte – obwohl letzteres sicherlich nicht zur Aufgabe von Ärzten gehört.

Doch mit der «Diagnose», daß die Beschwerden von Spannungen verursacht werden, und einer Überweisung in die psychiatrische Ambulanz ist es nicht getan. Die Beschwerden werden dadurch nicht weniger lästig oder beängstigend; eher noch unfaßbarer.

Krankheit – ein Zusammenspiel vieler Faktoren

Die meisten Menschen können sich in ihrer eigenen Geschichte an einen Moment erinnern, an dem es *logisch* erschien, daß sie krank wurden, fast als hätten sie es herausgefordert. Zuviel Arbeit, zu wenig Entspannung, ein labiles emotionales Gleichgewicht – dann hat die ohnehin grassierende Grippe ein leichtes Spiel. Das Immunsystem war zu stark unter Beschuß geraten und konnte sich den Angriffen des Grippevirus nicht mehr erwehren. Den umgekehrten Fall, sich krank zu *wünschen*, kennen wir unter der Bezeichnung «einen schlechten Tag haben» und Schulkrankheit: Emotional oder psychisch der Welt kurzzeitig nicht gewachsen sein, wodurch körperliches Unbehagen, das an anderen Tagen leicht zu ertragen wäre, plötzlich unüberwindbar erscheint und den Anlaß hergibt, daheim zu bleiben. Obwohl im ersten Fall der physische Widerstand ausschlaggebend ist und im zweiten der seelische, steht die Krankheit in beiden Fällen an einem Knotenpunkt von Körper und Geist.

Daß es, medizinisch betrachtet, einen solchen Zusammenhang gibt, ist eine Binsenweisheit. Interessanter ist, *wie* dieser Zusammenhang im einzelnen aussieht. Um ihn genauer zu beschreiben, müssen wir zunächst andere Elemente herausfiltern, von denen bereits länger bekannt ist, daß sie eine Rolle beim Krankwerden spielen.

Von großer Bedeutung sind hierbei *soziale Faktoren* wie Hygiene, Wohnverhältnisse und Ernährung. Wir pflegen unseren Körper besser, unsere Ernährung ist abwechslungsreicher und besser vor Verderb geschützt als noch vor hundert Jahren, unsere Umwelt ist zwar stärker verschmutzt, aber wir kommen trotzdem weniger mit Bakterien in Berührung – wir waschen uns zum Beispiel nicht mehr mit demselben Wasser, in dem ein anderer gerade seine Verdauungsprodukte weggespült hat. Zusätzlich zu dem Beitrag, den Schutzimpfungen und der Einsatz von Penicillin zur Stärkung der Immunität geleistet haben, hat das dafür gesorgt, daß Kindersterblichkeit und Infektionskrankheiten – die wichtigen Todesursachen der vergangenen Jahrhunderte – in den westlichen Ländern so gut wie ausgerottet sind. Wir werden weniger schnell krank und sterben im Durchschnitt später als in früheren Jahrhunderten. Die durchschnittlich höhere Lebenserwartung macht uns andererseits aber anfälliger für Alterskrankheiten, wie zum Beispiel viele Krebsarten.

In bezug auf die *physische Umgebung* haben wir dagegen Rückschritte gemacht: Anstatt mit Bakterien haben wir es jetzt mit Karzinogenen, Giften, Schwermetallen und verschmutzter Luft zu tun, Stoffen, die sich im Körper anhäufen können und beim Überschreiten einer offenbar kritischen Grenze manchmal krankheits- oder allergieauslösend wirken. Wo früher Infektionskrankheiten die Haupterkrankungen waren, kommt diese zweifelhafte Ehre jetzt chronischen (und manchmal tödlich verlaufenden) Krankheiten zu.

Des weiteren beeinflussen *persönliche Gewohnheiten* unsere körperliche Kondition: Die Rede ist von Sport und körperlicher Bewegung, fettreicher oder fettarmer Kost, Nikotin- und Alkoholgenuß und so weiter. Allerdings steht nicht eindeutig fest, inwieweit solche Gewohnheiten gesundheitsfördernd oder gesundheitsschädlich sind. Rauchen ist ungesund, macht aber nicht unbedingt krank (Nikotin wirkt sich auf die Entstehung der Alzheimer-Krankheit sogar verzögernd aus); Alkohol hat, sofern mit Maßen genossen, eine Präventivwirkung auf die Entstehung von Herz- und Gefäßkrankheiten, erhöht in den letzten Monaten einer Schwangerschaft aber wiederum das Risiko, ein schwachsinniges Kind zu gebären. Und Sport führt häufiger, als uns lieb ist, zu Verletzungen. Der einzige Grundsatz, der in dieser Frage allgemeine Zustimmung findet, lautet: Mäßigkeit.

Trotzdem interessiert man sich in den letzten Jahren gerade für diese Aspekte der Krankheit. «In Zeitungen und Zeitschriften wird die Botschaft verkündet, so etwas wie der ‹Lebensstil› sei der Sündenbock. Die Bazillen von heute seien unsere schlechten Angewohnheiten (...) Doch die naheliegendste Schlußfolgerung ist irreführend: Ob jemand raucht, einen hohen Blutdruck oder einen hohen Cholesteringehalt hat, sagt wenig über das Risiko aus, einen Herzanfall zu erleiden», schreiben Ornstein und Sobel. Sie führen eine unter 7300 Männern durchgeführte Zehnjahresstudie an, die zeigt, daß lediglich vierzehn Prozent derjenigen, die in die höchste Risikogruppe fielen, tatsächlich einen Herzanfall erlitten, und von der nächsten Gruppe nur neun Prozent.[1] Die beiden Wissenschafter folgern daraus, daß wir uns zu Unrecht von dramatisch klingenden Faktoren beeinflussen lassen. Mittlerweile ist jedoch fast die Hälfte aller Niederländer der Meinung, «ungesundes Leben» dürfe bestraft werden[2], und Krankenversicherungen erwägen von Zeit zu Zeit die Einführung gestaffelter Beiträge. Wer nicht raucht, nicht trinkt u.ä. müßte mit einem niedrigeren Beitrag belohnt werden. In den USA gaben bei einer Umfrage zwei Prozent der befragten Arbeitgeber an, sie würden unter keinen Umständen Raucher einstellen, und fünfzehn Prozent gaben Nichtrauchern deutlich den Vorzug.[3]

Die *Medizin* macht den Menschen in der Regel gesünder, manchmal aber auch krank. Medizinisches Handeln ist der Gesundheit nicht immer förderlich. Wir kennen die sogenannten iatrogenen Krankheiten, das sind Krankheiten, die als Folge ärztlichen Eingreifens entstanden sind: Narkosefehler, Nebenwirkungen von Medikamenten oder eine falsche Behandlung. Berüchtigt sind die manchmal in Krankenhausstationen herumgeisternden Bakterien, die – ohnehin nicht in bester Kondition befindliche – Patienten infizieren können. Solche Infektionen lassen sich nur schwer vermeiden: Ein Krankenhaus kann nie ganz frei von Bakterien sein, es bilden sich immer mehr Bakterienstämme, die gegen alle derzeit vorhandenen Penicillinarten resistent sind, und außerdem stellt jede Infusion und jeder Katheter eine direkte Verbindung zwischen Körper und Umgebung her. Die Feststellung, ihr Handeln zeige bisweilen die gegenteilige Wirkung des angestrebten Resultats, zwingt die Medizin zur Zurückhaltung: Jede Behandlung, die hilft, kann im Prinzip auch schaden.

Ein ähnliches Problem – nützt es nicht, so schadet es wahrscheinlich – trifft im übrigen auch auf die Selbstmedikation sowie auf alternative Heilmethoden zu, wenngleich es dann selten als Problem in Erscheinung tritt. Viele Menschen schlucken aus eigenem Antrieb alle möglichen Pillen und Pülverchen, Nahrungsergänzungsstoffe und Vitamine unter dem Motto, so etwas könne auf keinen Fall schaden. Ein großer Teil dieser selbstverordneten Präparate bewirkt tatsächlich nicht viel und schadet daher höchstens dem Geldbeutel; harmlos ist der häufige Genuß selbst ausgesuchter Pillen und überflüssiger Nahrungsergänzungsstoffe in der Regel jedoch nicht.[4] Homöopathische Heilmittel unterliegen keiner Genehmigungspflicht und werden folglich nicht auf Schädlichkeit oder Nebenwirkungen hin getestet. Trotz der Verdünnung, in der sie bereitet werden, enthalten homöopathische Arzneimittel jedoch regelmäßig zuviele Giftstoffe.[5] Auch alternative Heilmethoden verursachen iatrogene Krankheiten und bringen Patienten manchmal an den Rand des Grabes, und sei es nur dadurch, daß sie sie von einer regulären Behandlung fernhalten.

Und schließlich: *Der Körper selbst* beeinflußt unser Risiko, zu erkranken. Es gibt angeborene Krankheiten oder Leiden; manchmal machen sie sich sofort bemerkbar, manchmal schlummern sie lange Zeit. Für einige Krankheiten gilt, daß manche Menschen einfach anfälliger für sie sind. Dann spricht man von angeborenen oder erblichen Faktoren beziehungsweise einer konstitutionellen Disposition für eine bestimmte Krankheit. In der Praxis bedeutet dies, daß es weniger braucht, um die

Krankheit zum Ausbruch zu bringen. Auch der Zustand des Abwehrsystems spielt dabei eine wesentliche Rolle. Die Immunität eines Menschen erhöht sich durch früher bereits überwundene Krankheiten sowie durch Impfung oder Vakzination und kann andererseits durch Krankheit, körperliche sowie geistige Erschöpfung geschwächt werden. Gegen manche Krankheitserreger ist allerdings – auch unabhängig vom Zustand seines Abwehrsystems – so gut wie niemand immun. Bestimmte Grippeviren sind so virulent, daß sie fast jeden zu Fall bringen; auch an Masern erkrankt praktisch jeder, der mit dem Virus in Berührung kommt. Wie gut das Abwehrsystem in diesem Moment funktioniert, beeinflußt dann allenfalls die Heftigkeit der Erkrankung.

Für chronische Krankheiten gilt in diesem Zusammenhang, daß sie bei emotionalen Spannungen, die die Abwehr vorübergehend stark herabsetzen können, aufflackern können. Zu einem solchen Aufflackern kann es im übrigen auch durch Konditionierung kommen: Die Panikanfälle bei Asthma und Bronchitis sind bekannte Beispiele dafür. Wenn jemand in einem bestimmten Kontext Atembeklemmungen hatte, kann allein schon die Tatsache, daß er in eine ähnliche Situation gerät, diese Reaktion erneut auslösen. Umgekehrt scheint die Progredienz einiger chronischer Krankheiten dadurch gebremst werden zu können, daß man sich geistig beschäftigt. Eine beginnende Demenz etwa kann offenbar dadurch verzögert werden, daß man den Patienten stimuliert. Aber auch hier spielt möglicherweise ein Lerneffekt eine Rolle.

Wie viele Faktoren bei der Entstehung einer Krankheit aufeinander einwirken und wie sie das tun, soll nun am Beispiel der Multiplen Sklerose aufgezeigt werden. Was im einzelnen bei dieser Krankheit vor sich geht, ist inzwischen recht gut erfaßt; für ihr Entstehen hat man freilich noch immer keine stichhaltigen Erklärungen gefunden.

Bei der MS entwickeln sich aus unbekannten Gründen Entzündungen im Zentralnervensystem. Die Folge ist das Auftreten verschiedener (manchmal vorübergehender) Störungen und Ausfallserscheinungen; welche das im einzelnen sind, hängt vom Ort dieser Entzündungsherde ab. Das Abwehrsystem versucht, diese Entzündungen zu bekämpfen, doch nun geschieht etwas Merkwürdiges: Das Abwehrsystem greift auch den eigenen Körper an. Die Schutzhülle der Nerven wird angegriffen, und es bildet sich Narbengewebe. Diese Narben im Nervensystem verursachen letztlich die bleibenden Behinderungen. Aufgrund dieses «Fehlers» im Abwehrsystem zählt man MS derzeit zu den Autoimmunkrankheiten.

Man hat festgestellt, daß bei MS eine erbliche Komponente im Spiel ist. In den Niederlanden tritt die Krankheit bei direkten Verwandten von MS-Patienten siebenmal häufiger auf als bei anderen Menschen; in anderen Ländern bis zu zwanzigmal. Ausschlaggebend ist der Erbfaktor jedoch mit Sicherheit nicht; es gibt eineiige Zwillinge, bei denen der eine MS hat und der andere nicht. Ferner tritt die Krankheit in bestimmten Gegenden häufiger auf als in anderen: Es gibt eine merkwürdige geographische Streuung, die mit dem Breitengrad zusammenzuhängen scheint. So kommt MS im Norden Englands häufiger vor als im Süden; und sogar in einem kleinen Land wie den Niederlanden gibt es ein vergleichbares Nord-Süd-Gefälle. In den Tropen dagegen ist MS äußerst selten.

Die Krankheit tritt meist zwischen dem zwanzigsten und dem fünfundfünfzigsten, am häufigsten um das dreißigste Lebensjahr herum in Erscheinung. Offenbar jedoch passiert sehr viel früher irgend etwas, was den Anstoß zu der Krankheit gibt. Denn wenn man vor dem fünfzehnten Lebensjahr aus England in die Tropen übersiedelt, übernimmt man das geringe Erkrankungsrisiko der Tropen; wandert man nach dem fünfzehnten Lebensjahr aus, dann bleibt einem das Risiko des Geburtslandes. Umgekehrt übernimmt man das Risiko des Auswanderungslandes, wenn man vor dem fünfzehnten Lebensjahr in ein

Gebiet übersiedelt, in dem MS häufiger vorkommt, und man behält das geringe Tropenrisiko, wenn man nach dem fünfzehnten Lebensjahr wegzieht. Ferner tritt MS bei Frauen häufiger als bei Männern auf, und zwar in einem Verhältnis von ungefähr drei zu zwei. Und schließlich haben pathologische Untersuchungen ergeben, daß MS auch latent existieren kann: Im Zentralnervensystem eines Toten ist dann das charakteristische Narbengewebe zu erkennen (die *Plaques*), ohne daß der Betreffende je irgendwelche Symptome der Krankheit gezeigt hat.

Bekannt ist außerdem, daß MS-Patienten einen Rückfall erleiden können, wenn sie sich in einer schlechten Verfassung befinden. Eine Grippe oder eine starke Erkältung reichen oft schon aus, um die Autoimmunreaktion in Gang zu setzen. Auch emotionale Schicksalsschläge wie Scheidung oder der Tod eines geliebten Menschen erhöhen das Risiko, einen neuen Anfall zu erleiden. Die Einstellung des Patienten zu seiner Krankheit spielt ebenfalls eine Rolle. Manche Menschen können nur schwer akzeptieren, daß sie krank sind, und finden sich mit der Situation so schlecht ab, daß es ihnen letztlich schlechter geht als anderen, bei denen die Krankheit heftiger in Erscheinung tritt, die sich aber weniger Gedanken darüber machen. Das Paradoxe daran ist, daß Patienten, denen es körperlich vielleicht noch einigermaßen gut geht, psychisch so schlecht damit fertig werden, daß sie stärker unter der Krankheit leiden. Körper und Geist lassen sich auf dieser Ebene nicht voneinander trennen.

Von der Vorläufigkeit endgültiger Erklärungen

Es gibt offenbar unzählige Faktoren, die die Entstehung einer Krankheit begünstigen. Daher muß man sich wirklich fragen, ob es Sinn macht, immer wieder auf *einer* Ursache herumzureiten. Krankheiten und Anomalien sind die Folge vielfältiger Ursachen und können aus den unterschiedlichsten Gründen entstehen. Eine simple Erklärung gibt es nur sehr selten. Daher sollten wir

Gesundheit auch besser als den ständigen Kampf zwischen der Stärke des Angriffs und der Stabilität der Verteidigung verstehen.

Die faszinierendste Entdeckung der letzten Jahre ist, daß diese Stabilität von mentalen Prozessen mitbeeinflußt wird. Das führte schon bald zu der Schlußfolgerung, daß es einen potentiellen Zusammenhang zwischen bestimmten psychologischen Verhaltensweisen einerseits und der Entstehung einer Krankheit andererseits gibt. Dabei handelt es sich nicht um hieb- und stichfeste Beweise, sondern eher um Indizien, deren genaue Einordnung bei weitem nicht immer klar ist.

Ein relativ gut erforschter und dokumentierter Bereich ist der der Herz- und Gefäßerkrankungen.[6] Ein permanent hoher Blutdruck (Hypertonie) ist als Risikofaktor bekannt. Durch die zu große Kraft, mit der das Blut durch die Gefäße gepumpt wird, können allmählich Schädigungen an Adern und Herzmuskel auftreten; dadurch kommt es leichter zu einem Herzanfall oder einer Gefäßerkrankung. Klinische Berichte ergaben nun, daß Menschen mit Bluthochdruck häufiger als andere Menschen Probleme am Arbeitsplatz haben und daß ihr Selbstwertgefühl geringer ist. Natürlich wurde sofort ein Zusammenhang zwischen Persönlichkeitsmerkmalen und dem Risiko eines Herzanfalls gesucht. Ist bei Hitzköpfen und unsicheren Menschen das Risiko höher als bei ruhigen Menschen? Müssen sie vielleicht versuchen, aus Gründen des Selbstschutzes oder zwecks Prävention ihren Charakter zu ändern?

Diesem Faktum kommt eine neue Bedeutung zu, seit der Zusammenhang zwischen Status und Blutdruck bekannt ist. Diese Entdeckung hängt mit der Erkenntnis zusammen, daß bei jedem Menschen der Blutdruck beim Sprechen steigt; wenn man in einem Gespräch auf Zuhören umschaltet, sinkt der Blutdruck wieder. Sprechen ist jedoch nicht neutral. Wenn wir es mit einem Menschen mit höherem Status zu tun haben, schießt der Blutdruck deutlich mehr in die Höhe als bei einem Gespräch mit einem gleichrangigen Gegenüber.

Diese Entdeckung verschiebt den Akzent von den psychologischen zu sozialen und wirtschaftlichen Faktoren. In der Tat kommen Herz- und Gefäßerkrankungen, die früher als Reicheleute-Krankheiten galten, heute in Schichten mit niedrigerem sozialem und wirtschaftlichem Status häufiger vor als bei anderen. Das hängt, sagt man jetzt, möglicherweise mit der Tatsache zusammen, daß statusarme Menschen fast immer «nach oben» sprechen müssen.

Der Zusammenhang zwischen Status und Blutdruck wirft viele Fragen auf. Wie groß ist das Risiko, daß Menschen schlichtweg deswegen als Bluthochdruckpatienten abgestempelt werden und möglicherweise gefährliche Medikamente verschrieben bekommen, weil sie einen großen Statusunterschied zwischen sich und dem Arzt empfinden? Ist der Bluthochdruck im Sprechzimmer nicht schnell höher als daheim im Lehnstuhl, allein schon wegen der unbekannten Situation, der Unsicherheit, die die Beschwerden bewirken, und der sozialen Hierarchie zwischen Arzt und Patient? Und wie lassen sich solche Faktoren beeinflussen, wenn nicht durch eine entsprechende Wirtschafts- und Sozialpolitik, durch kollektiven Aufstieg oder durch Gesprächstraining?

Sich ein Haustier zuzulegen, scheint zu helfen: Herzpatienten mit einem Haustier haben statistisch gesehen weit bessere Überlebenschancen als Patienten ohne Haustier. Ihr Risiko, innerhalb eines Jahres zu sterben, beträgt nur ein Fünftel dessen von Menschen ohne Haustier – vielleicht weil sie regelmäßig «nach unten» sprechen können.[7]

Mitte der siebziger Jahre traten Rosenman & Friedman mit einer bahnbrechenden Untersuchung an die Öffentlichkeit: Nach fast neunjähriger Beobachtung von rund dreitausend Männern stellten sie fest, daß bei Menschen vom Typ A das Risiko von Koronararterienanomalien doppelt so groß ist wie bei Menschen vom Typ B. Typ-A-Vertreter sind Hektiker: Arbeitspferde, Leute, die ständig fürchten, zu wenig Zeit zu haben, die sehr konkurrenzorientiert denken und zu feindseligem Verhalten neigen. Und obwohl die beiden Forscher ausdrücklich betonten, es sei keine Frage der *Persönlichkeit*, sondern bestimmter *Reaktionsmuster*, hieß es im Volksmund schon bald, der Charakter sei ausschlaggebend bei allen Herzkrankheiten.

Obwohl die Amerikanische Herzstiftung nach kritischer Prüfung dieser Forschungsergebnisse die Schlußfolgerung unterschrieb, das Typ-A-Muster sei ein wichtigerer Risikofaktor bei Koronararterienerkrankungen als Alter, Cholesterinwerte, Bluthochdruck und Rauchen, ist von diesem Muster inzwischen nicht mehr viel übriggeblieben. Nicht alle Verhaltensformen, die in der ursprünglichen Beschreibung genannt worden waren, stehen tatsächlich in Zusammenhang mit Herzkrankheiten. Immer mehr Merkmale konnten gestrichen werden. So ist man nach und nach von der Vorstellung abgerückt, ein allumfassendes Verhaltensmuster sei verantwortlich für Herz- und Gefäßerkrankungen. Neuere Untersuchungen zeigen, daß der Grad an Feindseligkeit, den ein Mensch gegenüber der Außenwelt an den Tag legt («ich gegen den Rest der Welt»), der einzige Faktor ist, der noch übrigbleibt.

Damit ist die Frage jedoch nicht beantwortet. Auch diese Feindseligkeit kann eine physische Komponente oder sogar Ursache haben. Wir sind gewohnt, Gefühle und physische Veränderungen miteinander zu korrelieren: Angst, Zittern und ein beschleunigter Herzschlag gehören zueinander, Erröten und Scham ebenfalls. Diese Verbindung ist so stark, daß wir, auch wenn wir falsche Informationen über unseren körperlichen Zustand erhalten, dennoch prompt das damit assoziierte Gefühl erleben. Wenn Menschen Fotos beurteilen sollen, sind sie wesentlich extremer in ihrer Beurteilung, wenn sie, ohne es zu wissen, einen anderen, viel schnelleren Herzschlag anstatt ihres eigenen zu hören bekommen. Das suggeriert, daß Menschen, wenn sie – aus welchen Gründen auch immer – einmal einen schnelleren Herzschlag oder höheren Blutdruck haben, emotional heftiger reagieren. Oder daß, geht man von der Tatsache aus, daß manche Menschen auf bestimmte Situationen physisch stärker reagieren als andere, bei ersteren die feindseligen Gefühle zumindest teilweise durch die Intensität ihrer körperlichen Reaktion ausgelöst werden.[8] Bekannt ist weiterhin, daß eine höhere Körpertemperatur Menschen erregbar macht und den Körper in einer Weise aktiviert, daß bereits ein relativ geringfügiger Anlaß genügen kann, um heftige Gefühle auszulösen.[9] Auch manche Formen von Hyperaktivität hängen mit einer physischen Überempfindlichkeit gegen Konservierungsstoffe und andere Nahrungszusätze zusammen.

Die modifizierte Erkenntnis, daß nicht das Typ-A-Verhalten, sondern allenfalls *ein* spezielles Reaktionsmuster auf noch ungeklärte Weise mit einem erhöhten Herzerkrankungsrisiko zusammenhängt, ist vielen leider fremd. Ärzte hängen noch häufig der Typ-A-Theorie an, das Pflegepersonal bekommt diese veraltete Theorie noch immer in der Ausbildung aufgetischt, und auch in populärwissenschaftlichen Veröffentlichungen taucht sie immer wieder als «feststehende Tatsache» auf. Das zeigt, mit welchem Risiko solche Theorien behaftet sind: Nuancierungen oder Abstriche an der ursprünglichen Botschaft setzen sich nur langsam durch, und so scheint der Zusammenhang zwischen Herzbeschwerden und Persönlichkeit weithin akzeptiert zu werden. Außer in der maßgeblichen Disziplin – die ist mittlerweile bereits vier Schritte weiter.

Nochmals: Die Bedeutung derartiger Zusammenhänge, mögen sie durch nachfolgende Untersuchungen auch noch so stark korrigiert oder sogar widerlegt worden sein, darf nicht überschätzt werden. Ursachen, die als Erklärung hingestellt werden, entpuppen sich allzu häufig selbst als erklärungsbedürftig. Zudem ist es sehr fraglich, ob jemals nur *ein* Faktor gefunden werden wird, der als ausschlaggebend bezeichnet werden kann; beim Herzinfarkt unterscheidet man inzwischen fast zweihundertfünfzig Risikofaktoren. Hier geht es lediglich um die vorsichtige Botschaft, Bluthochdruck könne einerseits mit niedrigem Status und bestimmten emotionalen oder physischen

Reaktionsmustern zusammenhängen und andererseits mit Herz- und Gefäßerkrankungen. Das eine wie das andere sind mögliche Ursachen neben vielen anderen – und keine Gesetze.

Krebs und das Wetteramt

Im Falle von Krebs gibt es ebenfalls Untersuchungen nach möglichen Zusammenhängen zwischen Reaktionsmustern und der Entstehung der Krankheit. Daß Streß ein Faktor bei der Entstehung und der Geschwindigkeit der Zellwucherung sein kann, ist mittlerweile unumstritten. Tierversuche haben eindeutige Hinweise darauf geliefert. Das läßt es sinnvoll erscheinen, nach psychischen Einflüssen auf die Entstehung und die Progredienzgeschwindigkeit von Krebs zu forschen. Mit solchen Fragen befaßt sich die Psychoneuroimmunologie, die Wissenschaft, die die Einflüsse mentaler Prozesse auf das Immunsystem aufzudecken versucht.

Marco de Vries, Direktor des auf dem Gebiet der Psycho-Onkologie forschenden Helen Dowling Instituts, hat die bisherigen Forschungsergebnisse wie folgt zusammengefaßt: «[Es] wird untersucht, ob bestimmte psychologische Verhaltensmuster (es geht hier nicht um Charaktereigenschaften) das Risiko erhöhen, Krebs zu *bekommen*. So wurde unter anderem von Lydia Temoshok das Typ-C-Verhalten beschrieben, das als risikoerhöhend gilt. Typ-C-Menschen neigen zu Passivität in mitmenschlichen Beziehungen, sind fügsam, haben Probleme, sich zu wehren, und tun sich schwer, Gefühle zu äußern, vor allem (zu Unrecht) als ‹negativ› geltende Gefühle wie Ärger, Angst und Trauer. Sie verbergen sich hinter einer Fassade der Zufriedenheit und opfern sich gern. Sie kümmern sich mehr um die Bedürfnisse anderer als um ihre eigenen.»[10]

Erkenntnisse wie diese kommen vor allem durch Langzeituntersuchungen zustande, bei denen regelmäßig medizinische und psychologische Tests durchgeführt und nach einigen Jahren auf ihre Zusammenhänge hin untersucht werden. Dadurch wird verhindert, daß Menschen unter dem Eindruck eines einschneidenden Ereignisses wie einer Krebserkrankung Spannungen und Verhaltensweisen, die sie vorher vielleicht als erträglich oder unerheblich betrachtet haben, rückblickend plötzlich mehr Bedeutung und Einfluß beimessen. Diese und andere Untersuchungen zeigen, daß man von einer hochinteressanten Verbindung zwischen gewissen Verhaltensmustern oder psychischen Zuständen einerseits und körperlichen Problemen – in diesem Fall Krebs – andererseits sprechen kann, einer Verbindung, bei der das Immunsystem als Scharnier fungiert. Trotzdem ist die Feststellung eines Zusammenhangs zwischen Verhalten und Krebs äußerst problematisch.

Erstens ist man sich keineswegs darüber einig, welche psychischen Verhaltensweisen ein solch erhöhtes Risiko mit sich bringen.[11] Was Temoshok da beschreibt, eine Darstellung, die einer Persönlichkeitsbeschreibung doch recht nahekommt (und die im übrigen stark an das klassische weibliche Verhalten erinnert, obwohl Frauen nicht häufiger an Krebs erkranken als Männer), deckt sich nicht mit dem, was Siegel als erhöhtes Risiko anführt, nämlich Depressivität. Wieder andere legen die Betonung auf die sogenannten «life events», dramatische Ereignisse wie Verlust des Arbeitsplatzes, Scheidung oder Verlust eines Menschen. Die Erfahrungen mit den Typ-A- und Typ-B-Mustern lehren, daß solche Untersuchungen in der Anfangszeit möglicherweise zu weitgefaßte Erklärungen ansetzen.

Sollte man sich in der Beurteilung aber doch noch irgendwann einig werden: Wie belastend ist eine solche Theorie dann für Menschen, die sich in dem bewußten Reaktionsmuster wiedererkennen? In der DNA-Forschung überschlagen sich die moralischen Fragen nur so, und fast alle Forscher sind sich der ethischen Implikationen bei der Suche nach der genetischen Veranlagung für bestimmte Krankheiten bewußt. Hier ist es insbesondere Galjaard, der für «das Recht, es nicht wissen zu brauchen» plädiert – das Recht, nicht auf das Damoklesschwert hingewiesen zu werden, das offenbar in den Genen drohend über einem schwebt. Bei der DNA-Forschung geht es um ein erhöhtes Risiko, die genetische Veranlagung. In unserem Fall sprechen wir im Grunde über deren mentales Gegenstück, die psychologische «Veranlagung». Und wie die Psychologie lehrt, läßt sich die mentale Einstellung eines Menschen nicht ohne weiteres verändern. Ist hier eine Diskussion über die Last des Vorwissens nicht ebenso angebracht?

Zweitens erkrankt nicht jeder, dem eine solche Persönlichkeitsskizzierung wie auf den Leib geschrieben zu sein scheint, auch tatsächlich an Krebs. Und viele, die dieser Typisierung nicht entsprechen, bekommen trotzdem Krebs. Die Medizin sucht nach äußeren Faktoren, zeigt präzise auf, welche Krebserreger uns bedrohen, vermag aber keine Antwort auf die Frage zu geben, weshalb von zwei Menschen, die mit denselben Krebserregern in Berührung kommen, der eine an Krebs erkrankt und der andere nicht. Wird wohl mit Anfälligkeit zusammenhängen... Die Psycho-Onkologie argumentiert genau andersherum. Sie versucht zu ergründen, wie das Immunsystem eines Menschen von innen her geschwächt werden kann, und stellt dafür Verhaltensmuster fest. Und trotzdem erkrankt von zwei Menschen mit solchen Reaktionsmustern der eine an Krebs und der andere nicht. Wird wohl mit anderen Risikofaktoren zusammenhängen...

Einstweilen wissen wir nur eines mit Sicherheit: daß sowohl innere als auch äußere Elemente eine Rolle spielen und daß im Zusammenwirken beider irgendwo eine kritische Grenze der Widerstandskraft überschritten wird – von einer schlüssigen Theorie sind wir allerdings noch weit entfernt. Und vielleicht wird es nie eine geben. Menschenleben sind voll von Wechselfällen, Widersprüchen und einander konterkarierenden Einflüssen; ob sich anhand derart schwer faßbarer Fakten jemals eine Theorie aufstellen lassen wird, die mehr umfaßt als nur die Möglichkeiten und Risiken, bezweifle ich. Vielleicht müssen wir uns damit abfinden, daß jede Theorie ihre Lücken hat.

Drittens richtet sich das Augenmerk einseitig auf den Einfluß psychischer Reaktionen auf das Immunsystem. Die möglichen Folgen physischer Veränderungen auf mentale Prozesse werden nur selten berücksichtigt. Viele Krebsforscher glauben, daß insbesondere die langsam fortschreitenden Krebsarten bereits bis zu zehn Jahre vor ihrer Entdeckung Veränderungen im Körper bewirken können. Bevor ein Krebs manifest wird, gibt es einen langen Zeitraum, in dem sich zahlreiche biochemische und neurohormonale Veränderungen vollziehen. Wir dürfen nicht von vornherein die Möglichkeit ausschließen, daß solche physiologischen Veränderungen die emotionalen Verhaltensweisen beeinflussen. Was den bereits häufiger konstatierten Zusammenhang zwischen Depressivität und einer Krebserkrankung anbelangt, so kann man sich beispielsweise leicht vorstellen, daß Menschen depressiv werden aufgrund der Veränderungen in ihrem biochemischen Haushalt oder weil ihr Abwehrsystem als Folge eines monate- oder jahrelangen Kampfes gegen sich entwickelnde Krebszellen zusammenbricht. Immerhin gilt für einige Formen von Depressivität, daß sie durch Störungen in unserem Chemiestoffwechsel verursacht werden. Auch anhaltende Müdigkeit oder Lustlosigkeit kann mit einem gestörten Immunsystem zusammenhängen.

Viertens: Auch psychische Einstellungen und Reaktionsmuster kommen nicht von ungefähr und sind keine rein persönliche Angelegenheit. Daß solche Einstellungen auch etwas mit sozialen und wirtschaftlichen Faktoren zu tun haben oder mit der politischen Konstellation, in der ein Mensch lebt, ist nirgends zu lesen. Es ist naheliegend, daß Gruppen, die sich in einer sogenannten unterprivilegierten Situation befinden, sich leichter als Spielball anderer empfinden und sich Entscheidungen ausgeliefert fühlen, auf die sie selbst keinen Einfluß haben, als Menschen in einflußreichen Positionen. Außerdem sind Charakterzüge wie Fleiß, Ehrgeiz oder Optimismus und Gefühle wie Depressivität, Einsamkeit oder Ohnmacht zumindest teilweise vom politischen und kulturellen Klima abhängig, in dem ein Mensch lebt.

Und schließlich: Daß der Prognosewert derartiger Feststellungen begrenzt ist, legt der Entschiedenheit, mit der Forschungsergebnisse verkündet werden, Grenzen auf. Inwieweit diese vorsichtigen Schlußfolgerungen auch auf andere Krankheiten als Krebs zutreffen, ist noch völlig offen. Wissenschaftler wie de Vries lassen hier äußerste Vorsicht walten.

Wie solche Resultate dann von Außenstehenden aufgenommen werden, ist allerdings eine andere Sache. Die Ohrenmafia geht damit hausieren und verliert jedes Gefühl für Relationen. Nicht nur, daß diese Therapeuten alle äußeren Faktoren vom Tisch wischen, sie übertragen selbst die unsichersten Zusammenhänge auf buchstäblich jede Krankheit. Und das ist dann Teil eines größeren Dilemmas, vergleichbar mit dem uralten Problem des Wetteramts: Seine Wettervorhersagen haben nur eingeschränkte Gültigkeit, und sei es nur aufgrund der komplexen Vorgänge, die das Wetter bestimmen. Kleine Veränderungen können große Folgen haben, und es ist schwer, wenn nicht gar unmöglich, sämtliche Faktoren zu berücksichtigen und richtig einzuschätzen. Das Wetteramt weiß das. Wir Laien jedoch verwechseln Erwartung mit Sicherheit und ärgern uns, wenn es regnet. Die Wetterfrösche hatten uns doch Sonne versprochen!

Das ist kein Argument, das Wetteramt oder die Wetterforschung abzuschaffen. Aber es ist ein Argument, um immer wieder zu betonen, daß Statistiken wenig über individuelle Risiken aussagen und daß es um den Gefrierpunkt sowohl frieren kann als auch tauen. Auch wenn manche von uns sich mehr Klarheit wünschten.

Streß ist nicht gleich Streß

Der Mensch ist auf die Wahrnehmung von Veränderungen in seiner physischen Umgebung eingestellt: Was stabil ist, fällt weniger schnell auf als das, was kommt, geht oder sich sonst irgendwie bewegt. Gerade aufgrund der Komplexität der Welt sind unser Nervensystem und unser Gehirn auf das rasche Erkennen von Veränderungen angelegt, und zwar sowohl solcher in der Umgebung als auch Veränderungen körperlicher Art.

Jede interne oder externe Veränderung muß beurteilt werden: Ist dies ein Grund einzugreifen? Muß ich reagieren? Und falls ja, was habe ich zu tun? Die meisten dieser Reaktionen erfolgen autonom oder instinktiv. Wir reagieren mit Fieber auf eine Infektion, mit Schwitzen auf Wärme, mit Durst auf Flüssigkeitsmangel, mit erhöhter Aufmerksamkeit auf Gefahr, wir wollen unsere Hand wegziehen, wenn sie etwas Heißes spürt, und spannen alle Muskeln an, wenn wir ein Auto auf uns zukommen sehen – ohne daß wir in diesen Prozeß eingreifen können. Andere Veränderungen dagegen erfordern eine mehr oder weniger bewußte Beurteilung: Soll ich Krach schlagen, wegrennen, mein Buch beiseite legen, die Musik leiser stellen, jemanden trösten, einen Regenschirm aufspannen, ein Butterbrot nehmen? Ein Teil dieser Reaktionen ist konditioniert, aufgrund von Erfahrungen ein selbstverständlicher Teil unseres festen Verhaltensrepertoires geworden, so daß wir sie zeigen, ohne daß wir darüber nachzudenken brauchen: Wenn wir unseren Namen hören, spitzen wir die Ohren, wenn die Ampel auf Rot springt, bremsen wir, wenn wir Wechselgeld zurückbekommen, zählen wir es nach.

Und jedesmal reagiert unser Körper. Das Gehirn gibt Signale an die Nerven, so daß wir unsere Muskeln einsetzen können; es werden biochemische Stoffe freigesetzt, die unseren Körper gleichsam aufs Handeln vorbereiten; die Gehirnprozesse selbst werden von chemischen Stoffen getragen. Solche Prozesse mobilisieren den Körper auch, wenn sich kurz darauf zeigt, daß dies völlig überflüssig war. Wir folgern bewußt oder unbewußt, daß eine Reaktion unnötig ist, und tun nichts; unser Körper war jedoch in Bereitschaft.

Wir mögen zwar auf die Wahrnehmung von Veränderungen eingestellt sein, gleichzeitig aber sind viele der modernen Entwicklungen so komplex und ungreifbar, daß unsere simplen Reaktionen nicht länger angemessen sind, auf vernünftige Weise damit umzugehen. Unsere Instinkte, auf blitzschnelles Einschätzen eingerichtet, entscheiden und reagieren, können wenig anfangen mit der Angst vor Arbeitslosigkeit oder einem Atomkrieg und Sorgen um die Abtragung der Hypothek, wohl aber mit der Möglichkeit, daß plötzlich ein Bär vor uns steht. Aber auch diese Gefühle der Angst und Besorgnis lösen Aktivität im Körper aus.

Eine der Erkenntnisse der Psychoneuroimmunologie lautet nun, daß das Abwehrsystem bei Menschen, die sich ständig im Alarmzustand befinden, allmählich schwächer wird. Über die Hypophyse, die Hormone ausschüttet, wird auch die Nebennierenrinde zur Produktion verschiedener Stoffe angeregt, die das Immunsystem beeinflussen. Das Nervensystem ist offenbar auf vielfältige Weise mit dem Immunsystem verbunden; letzteres wiederum kann gleichzeitig Signale «zurückschicken».

In vielen Untersuchungen wurde dieser Zusammenhang festgestellt: Einschneidende körperliche oder psychische Störungen führen dazu, daß Neurohormone freigesetzt werden, die die Funktion des Immunsystems negativ beeinflussen und damit unsere Anfälligkeit für zahlreiche Krankheiten erhöhen können. Das erklärt die intensive Suche nach den Auswirkungen der sogenannten «life events» auf das Abwehrsystem. Später wurde eingewandt, solche dramatischen Ereignisse seien im Leben eines Menschen relativ selten und es sei vielleicht besser, sich mit den alltäglicheren Formen von Streß zu beschäftigen. In der Tat stellte sich heraus, daß solche prosaischeren Formen von Spannung zumindest kurzfristig gesehen einen höheren Prognosewert für das Erkrankungsrisiko besitzen als die «life events».

In der Populärpsychologie führte dies zu der großzügigen Interpretation, der Mann mit dem Hammer könne folglich in etwa gleichgesetzt werden mit seinem Kollegen, dem Mann mit der Sense. Streß ist gefährlich. In der Diskussion über den Einfluß von Streß zeichnet sich jedoch allmählich eine Wende ab. Es gibt nicht nur verschiedene Abstufungen von Streß, sondern jeder

Mensch reagiert auch sehr unterschiedlich darauf: Der eine betrachtet eine schwierige Situation als Herausforderung, der andere als Bedrohung.

Darüber hinaus macht es einen sehr großen Unterschied, ob jemand Einfluß besitzt, das heißt sich selbst für fähig hält, Einfluß auf eine solchermaßen spannungsgeladene Situation zu nehmen. Derzeit konzentrieren sich viele Forscher auf die Bedeutung der Möglichkeit, Einfluß auf Streßsituationen zu nehmen. Ein Wissenschaftler implantierte Ratten ein Tumorpräparat und verabreichte ihnen danach Elektroschocks. Von den Ratten, die keine Schocks erhielten, stieß die Hälfte den Tumor ab; von den Ratten, die sich den Schocks zu entziehen verstanden, stießen zwei Drittel den Tumor ab; bei der Gruppe, die sich den Schocks nicht zu entziehen vermochte, stieß noch nicht einmal ein Drittel den Tumor ab.[12] Bemerkenswert an dieser Untersuchung – und andere Studien kamen zu vergleichbaren Ergebnissen – ist vor allem, daß die Gruppe, die den Schocks *nicht* ausgesetzt war, schlechter abschnitt als die Gruppe, der die Möglichkeit geboten wurde, sich den Schocks zu entziehen. Offenbar ist die Erfahrung, Einfluß auf die Umgebung auszuüben, wichtiger als das Fehlen von Streß.

Eine andere, häufig nicht genügend berücksichtigte Erkenntnis lautet, daß das individuelle Bedürfnis nach Spannung und Anregung sehr unterschiedlich ausgeprägt ist. Der eine hat ein größeres Bedürfnis nach Abwechslung und Veränderung als der andere; es gibt Menschen, die bei einem gewissen Maß an Spannung aufblühen, und andere, die daran zugrundegehen. Termine wirken sich auf manche lähmend aus, bei anderen erhöht der Druck die Kreativität; manche Menschen blühen nach einer Woche in waldreicher Umgebung ohne Radio und Fernsehen regelrecht auf, andere seufzen erleichtert, wenn sie wieder in die Großstadt zurückdürfen. Es gibt deutliche Hinweise darauf, daß für jeden ein unterschiedliches Optimum gilt: Das ideale Verhältnis zwischen Stabilität und Abwechslung ist nicht bei jedem das gleiche.

Die gängige Streßlehre beschreibt den Menschen allzu leichtfertig als passives, hilfloses Opfer. Demnach würden wir von allen Seiten von Streß bedrängt und überfallen: beim Verlust eines geliebten Menschen genauso wie im Stau. Und jede Konfrontation mit Streß sei krankmachend, ebenso wie der Kontakt mit Bakterien zu Infektionen führe. Die Standardlösung lautet folglich, Streß soweit wie möglich zu vermeiden – als wäre es möglich, unser Leben je völlig streßfrei zu gestalten, auch wenn wir es noch so gern wollten.

Vielmehr müßten wir Streß neu definieren, weil seine Auswirkungen in so starkem Maße von der Art, der Dauer und der Intensität abhängen, von dem Ausmaß, in dem er auftritt, von der Frage, ob dieser Streß als Bedrohung oder als Herausforderung empfunden wird, von den Möglichkeiten, Einfluß darauf zu nehmen, sowie vom individuellen Bedürfnis nach Anregung und Aufregung.

Das ist jedoch noch nicht alles. In der Psychologie unterscheidet man zwischen dem sogenannten «internal» und dem «external coping», das heißt der Art und Weise, wie jemand auf etwas reagiert: ob er zum Beispiel versucht, sich selbst zu ändern oder ob er andere beziehungsweise die Umgebung zurechtzubiegen versucht. Im ersten Fall paßt man sich selbst an – schluckt Einwände hinunter, redet sich ein, man verlange tatsächlich zuviel, der Wunsch sei unberechtigt oder unrealistisch, versucht sich mit dem abzufinden, was man als störendes oder belastendes Verhalten anderer empfindet – läßt also in einem Wort die Situation so, wie sie ist. Im zweiten Fall versucht man, die Umgebung und das Verhalten anderer den eigenen Wünschen und Bedürfnissen anzupassen – was zwar zu Streitigkeiten und Reibungen führen kann, sich langfristig gesehen für den Betreffenden jedoch auszuzahlen scheint. Bei der internen Anpassungsstrategie muß man sich unablässig anstrengen, um sich gegen die Umgebung zu behaupten, bei externen Anpassungsstrategien sucht man eher nach Möglichkeiten, seine Umgebung zu beeinflussen.[13]

Externe Strategien erzeugen kurzfristig gesehen vielleicht genausoviel oder möglicherweise sogar mehr Streß, aber es scheint doch so zu sein, daß die internen Strategien sich langfristig gesehen eher nachteilig auf das Immunsystem auswirken. Eine mögliche Erklärung dafür scheint, wie gesagt, die Bedeutung der Erfahrung zu sein, Einfluß auf die Umgebung nehmen zu können. Das Gefühl von Beherrschung und Kontrolle ist nicht nur von entscheidender Bedeutung für das Selbstbild und das Selbstwertgefühl, sondern fördert wohl auch die Gesundheit. Es scheint daher kein Zufall zu sein, daß die von Temoshok als risikoerhöhend bezeichneten Reaktionsmuster allesamt nach innen gerichtet sind. Vielleicht ist die Frage, ob jemand überwiegend interne oder externe Anpassungsstrategien anwendet, letztlich der einzige Faktor, der aus der so breiten Skala der Verhaltensmuster übrigbleiben wird, mit denen die Psycho-Onkologie gegenwärtig arbeitet.

Möglicherweise wirft dieser Unterschied zwischen internen und externen Strategien auch ein neues Licht auf die uralte Frage nach dem Unterschied zwischen Frauen und Männern, wo es um ihre Gesundheit – verheiratet oder unverheiratet – geht. Aus Bergen von Studien wissen wir, daß verheiratete Männer gesünder sind als unverheiratete und daß es bei den Frauen genau umgekehrt ist: Alleinstehenden Frauen geht es besser als verheirateten Frauen. Und aus noch größeren Bergen von Literatur ergibt sich das Bild, daß Frauen aufgrund ihrer Sozialisation eher dazu neigen, sich anzupassen, während Männer eher versuchen, ihren Einfluß geltend zu machen, um ihre Umgebung zu verändern. Vielleicht ist es so, daß Frauen sich als Junggesellinnen sowohl stärker gezwungen sehen als auch sich freier fühlen, ihr Potential für externe Strategien zu entwickeln, während Männer in klassischen Paarbeziehungen leicht als die Macher betrachtet und als diejenigen behandelt werden, die Einfluß haben.

In dem Moment, in dem Erziehung, kulturbedingte Erwartungen und Möglichkeiten – die wir als «gender» zusammenfassen können – ein Faktor beim Arztbesuch und der Anfälligkeit für Krankheiten sind, ist dies mindestens ebenso relevant wie die Typ-A- bis Typ-Z-Muster. Auf jeden Fall wird dadurch deutlich, daß gesellschaftlicher Einfluß und gesellschaftliche Position eine wesentliche Rolle bei der Erhaltung der Gesundheit spielen.

Der Placebo-Effekt

Sind wir erkrankt, so gibt es verschiedene Möglichkeiten, die Krankheit zu heilen oder zu stabilisieren – manchmal. Bei den chronischen Krankheiten kann die Medizin nur begrenzte Erfolge verzeichnen. In diesen Fällen beschränkt sich ihre Rolle zwangsläufig leider nur allzuoft auf das Verschreiben von Medikamenten (die wiederum Nebenwirkungen haben), auf das Operieren und den Versuch, den Krankheitsverlauf recht und schlecht zu stabilisieren. Gegen die Krankheit selbst läßt sich jedoch nichts tun. Krebs zum Beispiel ist eine Krankheit, die gründlich erforscht wird, aber «trotz hoher Investitionen in Form von Geld und Energie und trotz der Erfolge der Chemotherapie bei einigen selten vorkommenden Krebsarten hat sich die Überlebensrate bei den häufigsten Krebsarten wie Lungenkrebs, Brustkrebs sowie Magen- und Darmkrebs in den vergangenen 25 Jahren nicht wesentlich verändert». Die erzielten Fortschritte gehen in erster Linie auf das Konto der besseren – da früheren – Diagnostizierung. «Für eine Reihe von Krebsarten gilt nun mal: je früher entdeckt, desto größer die Chance auf Heilung.»[14]

Eine äußerst wichtige, wenngleich unterschätzte Rolle der Medizin liegt in der Benennung körperlicher Beschwerden und der Erteilung fachmännischer Auskunft dazu. Häufig sind Patienten schon erleichtert, wenn sie wissen, was ihnen fehlt: Die Diagnose macht das Problem faßbarer, und durch die Konzentration auf ihre Krankheit bekommen sie – oft zum erstenmal seit langer Zeit – wieder das Gefühl, die Sache wieder einigermaßen in den Griff zu bekommen. Ferner besteht ein wesentlicher Teil ärztlichen Handelns darin, die Menschen zu beruhigen:

zu versichern, ihre Beschwerden würden bestimmt wieder vorbeigehen. Um dem Nachdruck zu verleihen, unterstreichen Ärzte diese Zusicherung manchmal mit einem eigentlich überflüssigen Medikament. Penicillin bekamen wir jahrelang öfter verschrieben, als strenggenommen erforderlich war.[15]

Zum Glück vergehen viele, wenn nicht gar die meisten Krankheiten und Leiden nach einiger Zeit von allein. Manchmal wird die Heilung zu Unrecht dem ärztlichen Handeln zugeschrieben. Ärzte sind sich im allgemeinen der Tatsache sehr wohl bewußt, daß ihre Rolle hierbei beschränkt ist. Alternative Heiler dagegen, die in der Regel wesentlich weniger nüchtern sind, erblicken in einer solchen spontanen Heilung den Beweis, daß ihre Methode besser ist als alle anderen und daher jedem Patienten zum Segen gereichen wird. In Wirklichkeit genesen wir in der Regel, weil die Selbstheilungskräfte des Körpers zum Einsatz kommen: Das Immunsystem hat sich von der Attacke erholt und die Eindringlinge durch die Bildung von Antigenen wirksam bekämpft. Man kann das Immunsystem als Arzt und Apotheker in einer Person betrachten: Es ist ein ausgeklügelter Mechanismus, der Fremdkörper erkennt, ein Gegenmittel entwickelt und dieses mit Hilfe eines ingeniösen Systems dosiert und an der richtigen Stelle abliefert.

Diese Selbstheilungskraft kann durch Placebos unterstützt werden. Ein Placebo ist ein wirkungsloses Mittel (Scheinmedikament), das einem Patienten verabreicht wird und erstaunlicherweise oft hilft. Bei der Entwicklung neuer Medikamente bekommt die Hälfte der Versuchspersonen das zu testende Präparat, die andere Hälfte ein Placebo. Dabei zeigt sich, daß allein schon die Verabreichung eines Medikaments, selbst eines Scheinmedikaments, häufig eine Besserung bewirkt. Die Zahl der Versuchspersonen, denen das Placebo nach eigener Aussage hilft, schwankt bei solchen Untersuchungen durchschnittlich zwischen dreißig und vierzig Prozent. Das bedeutet, daß *bei jedem* verschriebenen Mittel die Wirkung des Wirkstoffs des betreffenden Medikaments durch einen Placebo-Effekt ergänzt wird.

Dieser Placebo-Effekt wird derzeit eingehend erforscht. Dabei kam heraus, daß allein schon die felsenfeste Überzeugung, ein bestimmtes Mittel werde helfen, sensationelle Auswirkungen hatte; sensationell vor allem deshalb, weil das Mittel selbst keinerlei Wirkung hat. Offenbar hilft ein Placebo, unsere Selbstheilungskräfte zu mobilisieren. Ein Placebo hilft auch bei Tieren: Das Ritual, das die Verabreichung des Scheinmedikaments umgibt, verfehlt offenbar auch bei ihnen nicht seine Wirkung.

Man konnte sogar feststellen, in welcher Form Placebos die größte Wirkung zeigen. Eine Scheininjektion hilft mehr als eine Scheinpille; Kapseln liegen etwa in der Mitte. Kleine gelbe Pillen wirken besser gegen Depressionen, große blaue helfen dagegen besser als Beruhigungsmittel. Am besten schneiden große braune und grellrote oder grellgelbe Pillen ab. Ein bitter schmeckendes Placebo wirkt besser als ein süß schmeckendes. Und eine Schachtel Placebos mit imposanten Markenzeichen und einem wissenschaftlich klingenden Namen hilft mehr als in Blankoschachteln verpackte Placebos. Placebos können übrigens auch Nebenwirkungen auslösen, genau wie echte Medikamente.

Was meines Wissens bislang noch nicht untersucht wurde, ist die Frage, ob der Placebo-Effekt – auch bei längerer Einnahme – konstant ist. Man hat herausgefunden, daß neue Medikamente kurz nach ihrer Einführung am wirksamsten sind; bei einem Mittel, das bereits seit einigen Jahren auf dem Markt ist, läßt die Wirkung offenbar mit der Zeit nach. Möglicherweise kommt das daher, weil die Erwartungen in bezug auf das neue Mittel inzwischen weniger hochgespannt sind, zum Beispiel weil seine Nebenwirkungen bekannter geworden sind. Auch bei individuellem Gebrauch nimmt die Wirkung eines Heilmittels oft langsam ab: Gewöhnung tritt ein.

Der Placebo-Effekt darf andererseits aber auch nicht überschätzt werden. Manchmal geben Patienten an, sich nach der Einnahme eines Placebos besser zu fühlen, doch der gemessene Fortschritt erweist sich als minimal oder die Testergebnisse sind sogar schlechter. In diesem Fall *glauben* die Menschen vor allem, es gehe ihnen dank des Medikaments besser.[16] Ebenso muß mit der Möglichkeit gerechnet werden, daß Patienten, wenn sie mit viel Nachdruck und Überzeugungskraft ein phantastisches Mittel angeboten bekommen, wirklich das Beste vom Besten, ein Medikament, das ganz bestimmt hilft, sich mehr oder weniger verpflichtet fühlen, von einer Besserung zu berichten und anderslautende körperliche Signale zu ignorieren versuchen. Und wie man sich fühlt, deckt sich nicht immer damit, wie man objektiv funktioniert;[17] was natürlich nicht heißt, daß das subjektive Befinden für den Betroffenen selbst nicht ausschlaggebend wäre.

Das Placebo mobilisiert das Abwehrsystem; das ist eine meßbare Reaktion, die sich überdies durch Konditionierung auch noch stärken zu lassen scheint. Einige Untersuchungen unterstützen die These, wonach die Wirkung einer Behandlung nicht beeinträchtigt wird, wenn ein wirksames Mittel nach einiger Zeit durch ein Placebo ersetzt wird. Die Assoziation zwischen Pille und Reaktion ist bis dahin so fest geknüpft, daß das ursprüngliche Medikament durch ein symbolisches ersetzt werden kann. Das Abwehrsystem ist inzwischen offenbar konditioniert. Danach genügt die rituelle Verabreichung, um die gleiche Reaktion hervorzurufen wie das ursprüngliche Mittel.

Ein Placebo kann auch eine konditionierte Gegenreaktion auslösen. Wenn jemand ein Reizmittel bekommt wie Alkohol, Nikotin oder Adrenalin, so werden Körperprozesse stimuliert. Bei der Verabreichung von Adrenalin reagiert der Körper mit erhöhter Herzaktion, dem Absinken des Blutzuckerspiegels und ähnlichem. Kurz nach der Verabreichung entsteht eine Gegenreaktion: Der Körper bildet ein kompensierendes Mittel, so daß sich der normale Rhythmus wieder einstellt. Wird einem Tier nun mehrmals Adrenalin injiziert, so erhöht sich sein Herzschlag, und kurz darauf tritt dann jeweils die stabilisierende Gegenreaktion ein. Wird das Adrenalin nach einiger Zeit durch ein Placebo ersetzt, so erhöht sich die Herztätigkeit natürlich nicht, aber die Gegenreaktion tritt trotzdem ein. Da kein Reiz vermittelt wurde, bedeutet das, daß die Herztätigkeit nun plötzlich abnormal weit zurückgeht.

Das Abwehrsystem läßt sich durch Konditionierung übrigens auch unterdrücken. Ein berühmtes, wenngleich umstrittenes Beispiel ist das der Ratten, die Zuckerwasser zu trinken bekamen, dem eine Substanz, Cyclophosphamid, zugesetzt war, die das Abwehrsystem schwächt und Übelkeit verursacht. Nachdem die Tiere diese Kombination ein paarmal getrunken hatten und jedesmal kurz darauf krank wurden, reichte es im folgenden aus, ihnen reines Zuckerwasser zu geben, um dieselben Reaktionen auszulösen. Der abwehrhemmende Einfluß des Cyclophosphamids wurde möglicherweise durch das Immunsystem ins Gehirn transportiert und prägte sich dort in Kombination mit dem süßen Geschmack ein. Später genügt offenbar der süße Geschmack allein, um diese Erinnerung wachzurufen und die Abwehr prompt herabzusetzen. Wie dem auch sei: Einige Ratten verendeten plötzlich nach dem Genuß von Zuckerwasser.

Unter welchen Bedingungen läßt sich der Placebo-Effekt optimal nutzen? Je mehr der Patient an das Medikament glaubt und je mehr er darauf vertraut, daß es ihm helfen wird, desto effektiver ist das Placebo. Es hilft noch mehr, wenn der Arzt das Mittel mit viel Überzeugungskraft anpreist.

Man denkt vielleicht nicht unbedingt daran, aber mit dem Placebo-Effekt sind kulturelle, ethische und politische Fragen verbunden. Wenn Erwartung und Glaube eine so große Rolle spielen, kann man wohl annehmen, daß Placebos bei Skeptikern und nüchtern veranlagten Menschen weniger Wirkung zeigen, da diese ganz offensichtlich weniger leichtgläubig sind. Möglicherweise entgeht Skeptikern jener zusätzliche Effekt, den Hoffnung und Erwartung zuwegebringen, jene unzertrennlichen Kumpanen, die jedes Medikament begleiten. Leider wurde dieser Aspekt meines Wissens noch nie erforscht. Eine entsprechende Untersuchung könnte zu einer für die Medizin ungewohnten und einigermaßen bestürzenden Schlußfolgerung führen: Der Placebo-Effekt ist möglicherweise nicht demokratisch. Übrigens gibt es tatsächlich Hinweise auf solche kulturellen Unterschiede. Der Niederländer Bailleux, Professor für Psychoneuroimmunologie in Utrecht, wiederholte an seiner Universität einen vielversprechenden Versuch von Kirschbaum in Trier, bei dem die Verabreichung von Adrenalin mit einem Bonbon kombiniert wurde. Nach zehn Minuten tritt als Folge der Adrenalingabe eine kurze Immunreaktion auf. Nach einiger Zeit wurde das Adrenalin durch ein Placebo ersetzt; das Bonbon blieb. Die Immunreaktion ebenso. Als Bailleux den Versuch in Utrecht wiederholte, passierte nichts; am Ende seines Lateins, reiste er schließlich nach Trier und wiederholte den Versuch dort nochmals. Der war sofort erfolgreich, nur bei niederländischen Versuchspersonen klappt es noch immer nicht. Bailleux: «Die einzig mögliche Erklärung scheint zu sein, daß deutsche Versuchspersonen sich besser konditionieren lassen als niederländische. Deutsche haben nämlich viel mehr Respekt vor dem *Herrn Professor*. Das ist natürlich eine äußerst merkwürdige Idee, aber wir haben längst festgestellt, daß in der Psychoneuroimmunologie eine unglaublich breite Skala an Faktoren eine Rolle spielt.»[18]

Was bedeutet der Placebo-Effekt für das Verhältnis zwischen Arzt und Patient? Was passiert, wenn den Patienten klar wird, daß Ärzte ohne ihr Wissen gelegentlich ein Placebo-Mittel verschreiben? Es könnte bedeuten, daß Patienten sich in Zukunft fragen, ob sie eine «echte» Arznei bekommen oder ein Scheinmedikament. Möglicherweise verlieren Patienten dann mehr als nur ihre Hoffnung, nämlich das Vertrauen. Sollen Ärzte ihre Hoffnungen in bezug auf die zu erwartende Wirkung einer medikamentösen oder sonstigen Behandlung dramatisch übertreiben, um am Ende möglichst gut dazustehen, oder ist realistisch zu bleiben ehrlicher und langfristig gesehen auch besser? Zeigt sich die Wirkung auch dann noch, wenn man einen Patienten darüber aufklärt, was er verschrieben bekommt? Und wenn die Wirkung eines Placebos tatsächlich auf dem Glauben des Patienten an das Medikament und die Überzeugungskraft – vielleicht sogar Autorität – beruht, mit der der Heiler das Mittel darreicht, so hat dies Konsequenzen. Das verträgt sich schließlich schlecht mit der Tendenz zu größerer Offenheit im Sprechzimmer und der Nivellierung des Machtgefälles zwischen Arzt und Patient. Würde es den Placebo-Effekt beeinträchtigen, wenn Ärzte sich tatsächlich so gäben, als wären sie, um einen altbekannten Vergleich heranzuziehen, der Klempner?[19] Darf man für eine Placebobehandlung das gleiche in Rechnung stellen wie für eine richtige Behandlung? Wirkung und verlangtes Honorar scheinen direkt proportional zueinander zu sein – was übrigens den Quacksalbern ein Argument liefern kann, erkleckliche Summen für ihre Behandlung zu fordern.

Was bedeutet der Placebo-Effekt für das neue Krankenkassenleistungsgesetz? Ganz abgesehen von sonstiger Kritik am neuen System: Wenn Glaube und Vertrauen in ein Medikament eine so große Rolle spielen, bedeutet der verlangte Wechsel des Präparats, daß man möglicherweise den Placebo-Effekt von der Wirkung abziehen muß. Schließlich war den Patienten gerade mit diesem Medikament geholfen, oder sie glaubten, es wäre ihnen geholfen. Auf ein anderes Präparat umsteigen zu müssen aus Gründen, die nichts mit dem Resultat des verwendeten Medikaments zu tun haben, bedeutet eine Untergrabung dieses Vertrauens. Ein Effekt, der noch verstärkt wird, weil das neue Mittel billiger ist und «billiger» nun einmal einen schlechteren Namen hat. Wenn sogar Placebos mit schönem Aufdruck schon besser wirken als die in nackten Schachteln...

Hoffnung, Einfluß und falsche Hoffnung

Von vielen Krankheiten genesen wir von selbst, und bei einem großen Teil der chronischen oder bösartigen Krankheitsprozesse tritt von Zeit zu Zeit eine spontane – allerdings leider oft nur vorübergehende – Besserung oder Stabilisierung ein. Oft läßt sich nicht recht erklären, durch welche Ursachen ein solcher

Stillstand oder eine solche Wende bewirkt wurde. In derartigen Situationen sind wir geneigt, die Besserung oder Stabilisierung bestimmten Eingriffen oder Veränderungen zuzuschreiben – dem Medikament, einer Diät, einer veränderten Lebensweise oder ähnlichem. Diese Neigung entspricht dem allgemein empfundenen Bedürfnis, in Kategorien von Ursache und Wirkung zu denken, und kommt darüber hinaus dem tief empfundenen Wunsch entgegen, Einfluß auf den eigenen Krankheitsverlauf nehmen zu können.

Die Ursache, die für eine festgestellte Besserung verantwortlich gemacht wird, braucht keineswegs immer die tatsächliche Ursache zu sein. Ein Mensch, der entdeckt, daß er weniger Schmerzen nach dem Genuß eines Stücks Schokolade hat, wird dazu verleitet, eine Verbindung zwischen Schokoladeessen und dem Nachlassen der Beschwerden zu ziehen. In der Psychologie ist dieses Phänomen unter der Bezeichnung operante Konditionierung bekannt: Ein Verhalten, dem kurz danach ein positives Resultat folgt, werden wir in der Hoffnung zu wiederholen versuchen, das Resultat noch einmal zu erzielen.

Zwei Beispiele[20]:

Tauben, die in einen Käfig gesetzt wurden und zu unterschiedlichen Zeiten Futter durch eine Luke bekamen, legten nach einiger Zeit die merkwürdigsten Verhaltensweisen an den Tag. Ein Vogel drehte in einem fort Pirouetten, ein anderer schlug mit dem linken Flügel, ein dritter schüttelte den Kopf. Was war geschehen? Wenn eine Taube zufällig gerade in dem Augenblick eine Pirouette drehte, in dem das Futter kam, stellte sie fälschlicherweise einen Zusammenhang zwischen beiden Ereignissen her. Das Tier glaubte, sozusagen auf seine Winke hin bedient zu werden, wenn es sich im Kreis drehte, mit dem Flügel schlug oder sonst etwas tat.

In welchem Ausmaß ein Mensch eine solche Selbstkonditionierung an den Tag legt, hängt wesentlich von der Kontrolle ab, die er tatsächlich ausüben kann. Beim Baseball sind die Werfer und die Schläger abergläubischer als die Feldspieler, behauptet

Piet Vroon in seinem Buch *Drei Hirne im Kopf*. Er erklärt das damit, daß Feldspieler mehr Kontrolle haben. Sie können sich ihre Erfolge und Mißerfolge leichter erklären als die Werfer und Schläger, die weit stärker von Glück und Pech bestimmt werden. Daher kämen auch die Rituale bei diesem Spiel: ein spezielles Hemd anziehen, vor dem Spiel einen Psalm singen, erst viermal mit dem Schlagholz den Erdboden berühren, bevor das Zeichen zum Wurf gegeben wird, und so weiter. Daß solche Rituale bei weitem nicht immer das erwünschte Resultat haben, tut ihrer Bedeutung kaum Abbruch. Das Ritual funktioniert noch immer, glauben wir dann, aber es gab andere Einflüsse – Einflüsse, die sich unserer Kontrolle entzogen –, die die Sache vereitelten. Im Grunde macht es auch nichts aus, daß das Ritual selten wirkt. Wichtiger ist die *Vorstellung*, Einfluß zu haben: Das stärkt das Selbstvertrauen.

Gerade eine Erkrankung ist ja durch den Verlust von Kontrolle gekennzeichnet: Man wird mit einem relativ autonomen Prozeß konfrontiert, der sich im eigenen Körper abspielt und den allenfalls Ärzte beurteilen oder beeinflussen zu können scheinen. Auch im sozialen Bereich verliert ein Mensch mit einer schweren Krankheit viel Einfluß: Arbeiten wird oft schwierig oder unmöglich, die tägliche Struktur entfällt, Kontakte mit der Außenwelt nehmen ab oder werden schwieriger, Aktivitäten, durch die ein Mensch Bestätigung bezieht, entfallen ganz oder teilweise. Die Welt wird ein ganzes Stück kleiner. In einer solchen Situation verfängt man sich leicht in einem Netz des Nicht-mehr-Könnens, was im übrigen auch als Erklärung dafür angeführt wird, daß arbeitsunfähige Menschen manchmal noch kränker werden.

In dieser Situation kommt es entscheidend auf die Wiedergewinnung von Einfluß an; ob dies unmittelbare Folgen für die Gesundheit hat, ist noch fraglich, aber es hilft dem Kranken auf jeden Fall, sich psychisch wieder aufzurappeln. Das *kann* bedeuten, daß er mit der Krankheit besser zurechtkommt. In stärker psychologisch ausgerichteten Therapien versucht man deshalb, dem starken Wunsch des Kranken nachzukommen, Einfluß auf den Krankheitsverlauf zu nehmen. Das geschieht auf verschiedenerlei Weise, wobei psychosoziale Betreuung und Psychotherapie derzeit die wichtigsten Methoden sind.

Bei beiden Behandlungsmethoden geht es darum, die Qualität des (verbleibenden) Lebens zu verbessern; einige Therapeuten gehen sogar noch ein Stück weiter und sagen, durch eine Veränderung der seelischen Verfassung könne möglicherweise auch der Krankheit selbst besser begegnet werden. Es gibt kleine, wenngleich umstrittene Hinweise in diese Richtung.

Eine Untersuchung, die große Beachtung fand, war die des amerikanischen Psychiaters Spiegel. Er wies nach, daß Frauen mit metastasierendem Brustkrebs, die ein Jahr lang wöchentlich intensive Gruppengespräche über alle Aspekte ihrer Krankheit führten, im Durchschnitt eineinhalb Jahre länger lebten als Frauen ohne diese psychologische Unterstützung. Spiegel tendiert dahin, dies dem positiven Einfluß psychologischer und emotionaler Prozesse auf das Funktionieren der Körperabwehr gegen Krebszellen zuzuschreiben.[21]

Im Bristol Cancer Help Centre passierte genau das Umgekehrte. Die Patientinnen dort waren Frauen mit fortgeschrittenem Brustkrebs, die die üblichen Behandlungen wie Operationen, Bestrahlungen und Chemotherapie bereits hinter sich hatten. In Bristol hatte man ein umfassendes alternatives Behandlungsprogramm aufgestellt; die Frauen befolgten eine strenge Diät, kombiniert mit Meditations- und Visualisierungsübungen. Bei diesen Frauen kehrte die Krankheit dreimal so häufig wieder zurück; die Sterberate lag doppelt so hoch wie bei den Frauen, die sich auf die Standardbehandlung beschränkt hatten.[22]

Ob es die Heilung nun fördert oder nicht, klar ist, daß alles, was helfen kann, das Leben eines Kranken angenehmer zu machen und, falls nötig, sein Selbstbild wieder ins Lot zu bringen, unbedingt genutzt werden sollte. Und dabei spielt der Aspekt, Einfluß nehmen zu können – oder das *Gefühl* zu haben, Einfluß nehmen zu können –, eine entscheidende Rolle. Das bedeutet häufig, daß der Kranke über seine Krankheit aufgeklärt und in die Entscheidungsprozesse um eventuelle Eingriffe und Behandlungsmethoden einbezogen werden muß. Es kann auch bedeuten, daß er in anderen Bereichen als dem medizinischen seinen Einfluß wiedererlangen muß und dabei Unterstützung erfährt. Psychotherapie kann eine Möglichkeit sein. Ob es nun die veränderten Anschauungen sind, die eine Besserung des Befindens bewirken, oder die simple Tatsache, daß man regelmäßig eine Stunde lang mit jemandem reden kann, spielt im Grunde keine große Rolle. Reden an sich schon kann dazu beitragen, daß man sich besser fühlt – und sei es nur, daß es, wie viele Untersuchungen zeigen, erschreckend wenig Menschen gibt, mit denen ein Patient offen über die mit einer ernsten Krankheit verbundenen Ängste und Sorgen reden kann. Die Zahl der Vertrauenspersonen schwankt durchschnittlich zwischen Null und zwei.

Psychosoziale Hilfe kann im übrigen bescheiden angelegt sein und trotzdem viel bewirken. Menschen, die lernen, wie sie Schmerzen oder Übelkeit reduzieren oder ganz vermeiden können, wie sie sich leichter fortbewegen können oder die lernen, wie sie aus eigener Kraft wieder eine Stufe bewältigen können, zeigen als Folgeerscheinung häufig ein größeres Selbstvertrauen – und das ist immer angenehm und bestärkend, ganz besonders aber im Fall einer schweren Krankheit.

Freude am Leben zu haben, der Krankheit einen Platz neben anderen Dingen zuzuweisen, sich nicht völlig mit der Krankheit zu identifizieren, sich das Leben so einzurichten, daß Freiraum für eigene Prioritäten entsteht – all das sind Dinge, die helfen. Aus Interviews mit behinderten oder chronisch kranken Menschen geht außerdem hervor, wie schwer, aber gleichzeitig wie befreiend es ist, von den noch vorhandenen Möglichkeiten auszugehen, anstatt immer nur an die Beschränkungen zu denken, die Krankheit oder Behinderung einem auferlegen.[23] Ebenso wie Fatalismus und Verzweiflung wenig Kraft schenken, hat es oft den Anschein, daß Menschen, die sich von einer Krankheit völlig beherrscht fühlen, letztlich auch mehr unter ihr leiden; während es Menschen, die die Krankheit zu einem Teil ihres Lebens gemacht haben und sie nicht die Oberhand gewinnen lassen, im Verhältnis etwas besser zu gehen scheint.

Es gibt unzählige Geschichten von schwerkranken Menschen, die sich Ziele gesetzt haben, Dinge, die sie unbedingt noch erreichen oder miterleben wollen: den Geburtstag des oder der Liebsten, Weihnachten, die Geburt des ersten Enkelkinds. Solche Ziele scheinen oft wie ein in die Zukunft ausgeworfener Anker zu funktionieren. Jemand schafft es noch, sich bis dorthin zu schleppen, und stirbt kurz darauf – obwohl die Chance, dieses Ereignis noch zu erleben, objektiv gesehen winzigklein war. Einen vergleichbaren Mechanismus sehen wir mitunter bei Streß: Man schafft es noch, die Aufgabe, die man sich zum Ziel gesetzt hat, zu erledigen, und dann bricht man zusammen. Dieses Phänomen suggeriert, daß wir in manchen Situationen psychisch imstande sind, an sich zwingende körperliche Gebote eine Zeitlang zu ignorieren, wenn auch nur innerhalb bestimmter Grenzen.

Auf diese Überlegung stützen sich alle Behandlungsmethoden, die den Kampfgeist der Patienten zu stärken versuchen. Der Engländer Greer hat mehrfach nachgewiesen, daß die geistige Einstellung eines Menschen den Krankheitsverlauf beeinflussen kann. Er untersuchte Frauen mit Brustkrebs und entdeckte, daß von den Frauen, die psychisch gegen ihre Krankheit ankämpften, zehn Jahre nach der Operation noch fünfundfünfzig Prozent lebten. Von den Frauen, die mit Fatalismus oder Gefühlen der Hoffnungslosigkeit auf ihre Krankheit reagierten, waren nach zehn Jahren nur noch zweiundzwanzig Prozent am Leben.[24]

Aber das beantwortet die Frage noch nicht, ob es nun gerade diese Form der Hilfe ist – eine Hilfe, die auf die Veränderung von Verhaltensweisen und Einstellungen abzielt –, die bewirkt, daß Patienten an Einfluß gewinnen. Möglicherweise handelt es sich hier ebenfalls um operantes oder konditioniertes Lernen – beziehungsweise vor allem die *Vorstellung*, daß man mehr Einfluß auf sein Leben und den Krankheitsverlauf erlangt hat. Wodurch diese Vorstellung nun im einzelnen ausgelöst und begünstigt wird, ist möglicherweise von sekundärer Bedeutung. Vielleicht ist es in erster Linie der festen Überzeugung, ein psychosozialer Behandlungsansatz werde einem helfen, zuzuschreiben, wenn sich manchmal eine Besserung feststellen läßt. Das stellt diesen Ansatz allerdings auf eine Stufe mit dem Placebo-Effekt. Und tatsächlich: Auch nach einer psychosozialen Betreuung geben Menschen oft an, eine Besserung bei sich festgestellt zu haben, die nicht ohne weiteres in einem meßbaren Fortschritt oder einer meßbaren Stabilisierung zum Ausdruck kommt. Was Menschen über sich selbst sagen, ist nicht der einzige Maßstab für ihre Gesundheit; häufig besteht eine Diskrepanz zwischen subjektivem und objektivem Befinden.[25]

Ich will keineswegs bestreiten, daß manchen Menschen mit dieser Methode geholfen ist – aber sich einen Hund zulegen, im Garten arbeiten, sich verlieben, ein befriedigendes Hobby finden, noch Großmutter werden wollen, nach Lourdes fahren, ehrenamtliche Arbeit leisten oder was uns sonst aus einer Talsohle ziehen oder helfen kann, erklären wir doch auch nicht gleich zur Therapie, einer Theorie obendrein, die von der Krankenkasse bezahlt werden muß? Fast alles, woraus jemand Hoffnung schöpft und worin er Sinn findet, hilft möglicherweise – unabhängig von der Frage, ob dieser Optimismus und diese Sinnerfüllung tatsächlich berechtigt sind oder auf einer Fehleinschätzung beruhen. In der Tat, sogar der Ansatz, den die Ohrenmafia empfiehlt, kann aus diesem Grund etwas bewirken, wenngleich mit ihren Methoden, wie gesagt, zahllose andere Probleme verbunden sind.

Außerdem gibt es Fragen, die zu selten gestellt werden. Wie vorsichtig bewegen sich die Befürworter dieses psychotherapeutischen Ansatzes auf den prekär schmalen Wegen möglicher Zusammenhänge? Vor allem Therapeuten außerhalb des Medizinbetriebs können leicht ins Stolpern geraten und die medizinischen Dimensionen völlig aus dem Auge verlieren – wie an der Flucht nach vorn zu erkennen ist, die die Quackdenker angetreten haben. Daß der durchschnittliche Psychoneuroimmunologe wesentlich vorsichtiger in seinen Äußerungen ist, glaube ich gern. Aber trotzdem können auch vorsichtige Äußerungen von verzweifelten Patienten oft als letzter Strohhalm angesehen werden. Und wenn eines für Streß sorgt, dann ist es die Mischung aus hochgespannten Erwartungen und mageren Ergebnissen.

Menschen, die sich mit einem schwierigen, fast unerträglichen Problem konfrontiert sehen – wozu das Wissen, an einer chronischen oder möglicherweise sogar tödlichen Krankheit zu leiden, sicherlich zählen darf –, ist vermutlich am meisten gedient mit ehrlichen Auskünften über die Sachlage. Menschen, denen ein falsches Bild ihrer Chancen und vor allem ihrer persönlichen Einflußmöglichkeiten auf den Krankheitsverlauf vorgegaukelt wird, werden sich um so ohnmächtiger fühlen, wenn die Krankheit sich trotz all ihrer Anstrengungen doch verschlimmert. Zudem besteht noch die Möglichkeit, daß sie sich diese unerwünschte Verschlechterung selbst anlasten.[26]

Wie heikel dieser Balanceakt ist, zeigt sich an der Diskussion über falsche Hoffnungen, die in der Psychoneuroimmunologie geführt wird: «Überlebensstatistiken für die verschiedenen Formen und Stadien von Krebs sind Durchschnittswerte, die sich auf Patienten*gruppen* und nicht auf *Individuen* beziehen. Außerdem sind in der einschlägigen Literatur Fälle spontaner (das heißt, nicht durch medizinische Behandlung zu erklärender) Krebsheilungen beschrieben. Daher ist es wissenschaftlich gesehen nicht gerechtfertigt, wenn ein Arzt einem Patienten mitteilt, er habe nur noch vier bis sechs Monate zu leben. Außerdem ist eine solche Äußerung auch ein medizinischer Kunstfehler: Man nimmt dem Patienten Hoffnung und – dafür lassen sich in der wissenschaftlichen Literatur Hinweise finden – läuft damit Gefahr, nicht nur die Lebensqualität, sondern auch die Überlebenschancen des Patienten negativ zu beeinflussen. Natürlich wird der behandelnde Arzt seinen Patienten, wenn der darum bittet, auf den Ernst seiner Krankheit und die Möglichkeit des vorzeitigen Todes hinweisen. Hoffnung kann und darf er ihm jedoch nicht nehmen. Hoffnung besteht immer, und den Ausdruck ‹falsche Hoffnung› sollten wir besser aus unserem Wortschatz streichen.»[27]

Hier werden Hoffnung und rückhaltlose Aufklärung einander gegenübergestellt: Das eine steht dem anderen offensichtlich im Wege. Wie reell ist es aber, einem Patienten vorzuhalten, er *brauche* an einer Krankheit nicht zu sterben, die in rund fünfundneunzig Prozent der anderen Fälle zum Tode führte? Belastet das den Patienten nicht zu sehr? Ist es fair, Patienten vor allem Geschichten von Menschen zu erzählen, die länger als der Durchschnitt lebten, während ihnen in derselben Statistik Menschen gegenüberstehen, die erheblich früher als angenommen starben? Es besteht die Gefahr, daß Patienten und ihren Vertrauten auf diese Weise ungewollt die Zeit genommen wird, in der sie sich praktisch und gefühlsmäßig auf den nahenden Tod vorbereiten können. Die Crux an der Sache ist, daß so die möglicherweise verbleibende Hoffnung der Aussöhnung mit dem nahezu unausbleiblichen Tod direkt gegenübergestellt wird.

Ist dieses so unbedenkliche Wecken von Hoffnungen nicht auch ein Ausdruck des Unvermögens oder der mangelnden Bereitschaft, sich mit dem Tod auseinanderzusetzen – *auch von seiten der Ärzte und des Pflegepersonals*? Rührt die Betonung der Hoffnung nicht an ein grundlegendes Dilemma der Medizin: heilen zu wollen, es aber nicht immer zu können? Wird die Hoffnung vielleicht auch deshalb so genährt, weil Ärzte und Pflegepersonal damit ihrer eigenen Ohnmacht in bezug auf den Krankheitsverlauf Rechnung tragen wollen, beziehungsweise diese vertuschen wollen, indem sie dem Patienten größeren Einfluß auf die Krankheit zuschreiben, als ihm zukommt, beziehungsweise als für ihn zumutbar ist? Mitunter klingt tatsächlich so etwas wie ärztliche Resignation durch, die sich in Aufgeschlossenheit gegenüber anderweitigen Methoden zu äußern scheint.

Der Leiter der sozial-medizinischen Abteilung des Antonie-van-Leeuwenhoek-Krankenhauses über alternative Therapien: «Was ich bei ihnen als Nachteil ansehe, ist, daß sie ein hohes Maß an Eigeninitiative von den Patienten verlangen. Sie müssen sich an ihre Diät halten, sie müssen ihren Krebs *geistig* bekämpfen. Wenn es schiefläuft, bürdet man ihnen große Schuldgefühle auf. Andererseits bieten diese Therapien vielen Menschen Halt. Deshalb muß man vorsichtig mit Verurteilungen sein, denn ehrlich gesagt: Viele herkömmliche Krebstherapien haben den Patienten auch nicht viel zu bieten.»[28]

Wie kämpferisch oder ausgeglichen ein Mensch auch ist, wie sehr jemand unter Streß aufblühen und wie groß seine Lebensfreude auch sein mag, das alles ist jedenfalls nur die eine Seite der Medaille. Die schlimmsten Griesgrame, die nichts anderes tun, als alles in sich hineinzufressen und sich die Lunge aus dem Leib zu rauchen, werden achtzig oder neunzig; die faszinierendsten, lebenslustigsten und liebenswertesten Menschen manchmal nur zehn.

Es gibt unzählige Faktoren, die das Krankwerden beeinflussen: Gene und Viren, Zugang zur Gesundheitsfürsorge und zu ärztlichem Können, Verschmutzung und Politik, Erblichkeit und Ansteckung, Ernährung und Lebensweise – und vielleicht auch Reaktionsmuster und geistige Widerstandsfähigkeit. Es gibt zu viele Krankheiten, gegen die kein Kraut gewachsen und kein Körper resistent ist, die kein Arzt und keine Behandlung aufhalten kann – geschweige denn, daß ihre Heilung von Kampfgeist und Einflußnahme abhinge.

Aus diesem Grund ist der starke Akzent, der in den letzten Jahren auf die Einstellung des einzelnen zu seiner Krankheit gelegt wird, einigermaßen übertrieben. Als Gegengewicht zu der vor allem technikbetonten Denkweise der letzten Jahrzehnte ist eine stärkere Herausstreichung des psychologischen Denkansatzes verständlich; allerdings scheint hier «overkill» im Spiel zu sein, um so mehr, als die Geschichte lehrt, daß alle moralischen und psychologischen Diskussionen darüber einen sanften Tod sterben, sobald eine adäquate medizinische Behandlung für eine Krankheit gefunden ist.

Gesundheit als Bürgerpflicht

Die Psychologisierung von Krankheit, personenorientiert wie sie ist, hängt eng mit einer anderen Entwicklung zusammen. Krankheit und Gesundheit werden immer mehr als höchst individuelle Angelegenheit hingestellt; gesund zu bleiben scheint langsam zu den Pflichten eines guten Bürgers zu gehören; Kranksein ist gleichbedeutend mit Pflichtverletzung. Crombach und van Dun schildern die individualisierten, moralischen Dimensionen des Krankseins in schrillen Tönen: «Wer den erwünschten Lebensstil nicht zeigt, ist nicht nur dumm und kurzsichtig, sondern auch schlecht und verantwortungslos. Wir werden darauf hingewiesen, daß gesundes Leben nicht nur Selbstzweck ist oder in erster Linie unseren eigenen Interessen dient, sondern vor allem auch den Interessen der anderen: unserer Angehörigen, unseres Arbeitgebers und der Wirtschaft unseres Landes. Krankheit verursacht nicht nur Leid, sondern gefährdet auch unseren Wohlstand. Die Gesundheitsberater sind Erzieher geworden und ihre Aufklärungskampagnen Kreuzzüge, heilige Kriege, die sich nicht nur gegen Krankheiten und – sofern bekannt – deren Erreger richten, sondern auch gegen diejenigen, die an ihnen erkrankt sind, die aufgrund ihrer mit Schwächen behafteten Persönlichkeit und ihres Fehlverhaltens nicht nur sich selbst die Krankheit zugezogen haben, sondern auch noch anständige und verantwortungsbewußtere Menschen mit Ansteckung bedrohen, gegen ihr korrumpierendes Beispiel und die hohen Pflegekosten.»[29]

In der Diskussion über die Arbeits- und Erwerbsunfähigkeit taucht dieses Schuldelement im kollektiven Sinn auf. Arbeitsunfähige Menschen sind nicht nur schuld daran, daß die Leistungen für Arbeits- und Erwerbsunfähige unbezahlbar werden, sondern sie treiben auch die Beiträge in nie dagewesene Höhen und tragen indirekt stark zu dem riesigen Haushaltsdefizit bei, das auf allen Bürgern lastet. Die Arbeits- und Erwerbsunfähigkeit bekommt allmählich einen ethischen Beigeschmack: Man findet es verwerflich, daß sich so viele aus dem Arbeitsprozeß ausklinken. Arbeitsunfähig zu werden, ist eine moralische Verfehlung; schlimmer noch: Es auf Dauer zu *bleiben*, was immerhin für die meisten Betroffenen gilt, wird demnächst mit Leistungskürzungen bestraft.

Gesundheit wird regelmäßig als Folge rein individueller Entscheidungen und verantwortungsbewußten Handelns dargestellt. Besonders bitter ist die Anzeige der Krankenversicherung Sterpolis/GOV, die schon seit Jahren eine vor Gesundheit strotzende Frau den folgenden Text sagen läßt: «Krankheitskosten? Habe ich nicht. Ich bin versichert, um gesund zu sein.» Das wünscht sich wohl jeder: eine Versicherung wählen zu können, die einem Gesundheit garantiert. Der Haken daran ist nur, daß solche Versicherungen abgeschlossen werden, weil Gesundsein und Gesundbleiben ja gerade nicht die Regel sind; weil körperliche Leiden nicht zu vermeiden sind, die damit verbundene finanzielle Belastung aber wohl. Eine alternative Gesundheitszeitung treibt dies noch auf die Spitze, indem sie den Abonnenten Mitgliedsausweise in Form von Kreditkarten ausstellt, auf denen neben Namen und Anschrift des Abonnenten die Parole steht: «Diese Karte gibt Recht auf Gesundheit.»

Kaum einer scheint noch daran zu denken, daß unsere im Durchschnitt gute Gesundheit einem sozialökonomischen, politischen und medizinischen Fundament zu verdanken ist, bestehend aus: Hygienemaßnahmen, Bauvorschriften, Wohnungspolitik, Wasser- und Luftreinhaltung, Sicherheitsvorschriften bei Produktionsprozessen, Arbeitsschutz, Wasser- und Abwassersystemen, Nahrungsmittelversorgung, Präventivmaßnahmen wie Impfungen, Beratungsstellen für Babys und Kleinkinder, Ausbildungszentren für Ärzte und Pflegepersonal, medizinwissenschaftlicher Forschung, allgemeiner Gesundheitsfürsorge, Prüfkriterien für ärztliches Handeln et cetera.

Wenn man die Augen vor diesem Fundament verschließt, sieht tatsächlich alles anders aus. Gesundheit wird dann nicht länger als angestrebtes Resultat kollektiver Bemühungen betrachtet, sondern als das höchstpersönliche Verdienst des Einzelnen – als Norm, die wir gefälligst zu erfüllen haben. Kein Wunder, daß Menschen, die krank werden, dies so oft mit vagen oder auch offenen Gefühlen der Scham assoziieren. «Die Folge war, daß ich mich schämte», schreibt Renate Rubinstein. «(...) Wie man es auch dreht und wendet, es war eine Niederlage. (...) Sehen wir den Tatsachen doch ins Auge, ich bin eine Behinderte. Nicht mehr ganz Mensch.»[30] Renate Dorrestein beschreibt ihren völligen Verlust an Energie und Schwung in ähnlichen Worten: «Man hat das Gefühl, sehr viel von seiner Umgebung zu verlangen. Die Leute müssen zu mir kommen, nicht ich zu ihnen. Und sie haben auch nicht länger mit dem Menschen zu tun, den sie sich einmal ausgesucht haben, weil er nett war. Sie sitzen plötzlich mit diesem Waschlappen da. Dann schäme ich mich so schrecklich (...) Ich selber fand mein Leben lang Kranke gräßlich, und das gleiche Gefühl vermute ich auch bei anderen. Krankheit ist doch immer mit unappetitlichen Dingen verbunden (...) Hinzu kommt, daß ich unvernünftigerweise denke, daß es eine Strafe für irgend etwas ist. Ich habe etwas getan, um das zu verdienen. Der Satz, den ich mich täglich mehrmals murmeln höre, lautet: ‹Mutter, womit habe ich das verdient?›»[31]

Medizin im Angebot

Die individuell empfundene Pflicht oder, besser gesagt, Notwendigkeit gesund zu bleiben, findet ihre Entsprechung in der Angst, krank zu werden oder in anderer Weise von der Norm für körperliches Wohlbefinden abzuweichen. Einerseits akzeptieren wir Krankheit und Anomalien schwerer, und andererseits stempeln wir immer mehr Dinge als Krankheit oder Anomalie ab.

Die Frage, was unter körperlichen Anomalien zu verstehen ist, hat übrigens eine deutlich ästhetische Komponente erhalten. Das Gesundheitsideal vermischt sich mit Schönheitsidealen. Es entsteht so etwas wie eine Kultur der Manipulierbarkeit des Körpers: An ihm kann – zumindest stellt man sich die Medizin so vor – endlos gebastelt, repariert, verändert und eingegriffen werden, damit er unseren Wünschen besser entspricht. An unserem Körper stimmt auch immer weniger, meinen viele von uns. Die Nase ist schief, der Busen zu groß, zu klein oder zu schlaff, Muskeln sind nicht genug ausgebildet, Bauch oder Hintern oder Oberschenkel zu dick und wabblig, die Haut zu grobporig oder erschlafft, das Haar zu dünn und außerdem nicht von der richtigen Farbe. Pillen, Pülverchen, Liposuktion, operative Korrekturen, kosmetische Chirurgie und obskure Wundermittel sollen dann helfen, dem Ideal der gesunden Schönheit näher zu kommen.

Daß wir uns bei Abweichungen vom Idealbild eher an den Arzt wenden, als das Idealbild fallenzulassen, hängt eng mit dem Problem von Angebot und Nachfrage zusammen. Die Medizin ist ein Betrieb, der die Nachfrage vielleicht nicht weckt, aber doch deutlich befriedigt. Ob jemand sich früher mit einer schiefen oder zu großen Nase abfinden konnte, ist nicht immer gesagt. Aber heute ist es, zumal für die Reicheren unter uns, einfacher, die Frage zu beantworten, ob man sich damit abfinden *muß*; es gibt schließlich Operationen.

Außerdem sind wir einfach keine körperlichen Beeinträchtigungen mehr gewöhnt: Weil Hunger oder Kälte leiden zu müssen hierzulande selten ist und sowohl Ernährung als auch Hygiene in der Regel recht gut sind, ist Kranksein heutzutage ungewöhnlicher. Vor dem Hintergrund einer allgemeinen und rundum guten körperlichen Verfassung scheint jede Krankheit gleich etwas Dramatisches zu sein, und so wird die Grenze zwischen Krankheit und Unwohlsein manchmal großzügig gehandhabt.

Die Verfügbarkeit von Techniken und Medikamenten macht Eingriffe einfacher, in gewisser Weise jedoch auch zu selbstverständlich. Seit es cholesterinspiegelsenkende Medikamente gibt und die Meßtechniken einfacher geworden sind, ist es naheliegender geworden, den Cholesterinspiegel auch tatsächlich zu kontrollieren und bereits bei leicht erhöhten Werten ein Medikament zu verordnen. Dabei steht noch immer nicht eindeutig fest, ob ein leicht erhöhter Cholesterinspiegel wirklich so schädlich ist. Es ist heute einfacher als früher, die Ober- und Untergrenze, zwischen denen die Normalwerte liegen, sicherheitshalber durch eine Behandlung oder einen Eingriff zu korrigieren. Das hat zur Folge, daß ein Normalisierungsprozeß in Gang gekommen ist, bei dem der Spielraum schrumpft und infolgedessen mehr Menschen von der Norm abweichen. Man könnte dies als Nebenwirkung der modernen Technik betrachten: Kleine und an sich nicht schädliche Abweichungen geraten trotzdem in den Zugriff der Medizin.

Ähnliches geschieht bei Herzrhythmusstörungen. Obwohl viele Ärzte davon ausgehen, daß ein unregelmäßiger Herzschlag normal ist, wird eine solche Unregelmäßigkeit mit anscheinend immer größerer Selbstverständlichkeit als «abweichend» definiert. Eine Definition, die dann zu Eingriffen und fortlaufender Kontrolle zwingt. Auch die Feststellung, daß der Blutdruck eines Patienten etwas höher ist als normal, wird heutzutage schnell so interpretiert, daß eine Behandlung erforderlich sei; eine Behandlung, die ihrerseits wieder Nebenwirkungen haben kann.

Patienten – obwohl die Bezeichnung in diesem Kontext etwas merkwürdig klingt – setzen sich sicherheitshalber ebenfalls oft die Untergrenze als Norm. Alles, was davon abweicht, legitimiert daher die Bitte, etwas zu unternehmen. Die Technik bringt manchmal durch Zufall Dinge ans Licht, von denen der Patient nichts wußte und auch nicht beeinträchtigt wurde. Mit Hilfe der Ultraschalldiagnostik beispielsweise können asymptomatische Gallensteine nachgewiesen werden (was sagen will, daß der Patient beschwerdefrei ist und der Arzt festgestellt hat, daß die Steine harmlos sind). Der Patient verlangt dann in aller Regel, «zur Sicherheit» doch etwas zu unternehmen.[32]

Ärzte übertreiben es zuweilen ebenfalls mit Eingriffen: Sollen wir, wo wir schon mal dabei sind, Ihren krummen Zeh bei einem Aufwasch nicht mit begradigen oder Ihren Weisheitszahn ziehen? Es ist sowieso besser, daß wir diesen Eingriff jetzt präventiv vornehmen, als daß Sie warten, ob es später nicht doch noch notwendig wird.

Die übermäßige Aufmerksamkeit, die den spektakuläreren Formen medizinischen Handelns zuteil wird, bestärkt die weitverbreitete Vorstellung, alles sei möglich und folglich hätten wir auch einen *Anspruch* auf alles, könnten praktisch ein Recht auf Gesundheit einfordern. «Es gibt zu viele Programme im medizinischen Bereich, bei denen ein zu rosiger Eindruck vom Stand der Dinge erweckt wird. Wir haben allmählich das Gefühl, daß Ärzte alles können, wir zahlen unsere Krankenkassenbeiträge und glauben damit, auf alles einen Anspruch zu haben. Bei jedem noch so kleinen Zipperlein muß die Technologie eingesetzt werden, die wir gestern erst im Fernsehen bestaunt haben.»[33]

Man könnte von einem Schaufenster-Effekt sprechen: Die neuesten Errungenschaften und Entwicklungen der Medizin werden vor uns ausgebreitet. Der unterschwellig vermittelte Eindruck des unaufhaltsamen Fortschritts, der sich so ergibt, das Bild von der uneingeschränkten Heilbarkeit welchen Leidens und welcher Krankheit auch immer, entspricht nicht dem, was die Medizin tatsächlich zu leisten vermag. Zwischen dem Schaufenster und den Ladenregalen klafft eine Lücke von wahrhaft osteuropäischen Ausmaßen; vieles ist in der Medizin machbar, aber Gesundheit kann man trotzdem nicht kaufen. Heutzutage ist jedoch die Tendenz zu beobachten, daß Menschen, denen etwas fehlt, allzu schnell auf ihren vermeintlichen Anspruch auf die neueste Technik pochen, definitiv vor Krankheit bewahrt sein wollen, ihre Gesundheit ein für allemal gewährleistet wissen wollen.

Wir können Krankheit und Schmerzen nicht mehr gut ertragen – was sich auch an der Aggression zeigt, mit der Ärzte sich heutzutage regelmäßig konfrontiert sehen. Aus neueren Untersuchungen geht hervor, daß fast die Hälfte aller Hausärzte körperlich bedroht wurden; ein Viertel gab an, ihre Familie sei bedroht worden. Die Zahl der Hausärzte, denen 1991 mit Körpergewalt gedroht wurde, schwankt zwischen fast vierzig Prozent in Den Haag, Rotterdam und Amsterdam und achtzehn Prozent auf dem Land.[34] Auch Krankenhäuser erleben Schlägereien und Drohungen, vor allem die Ambulanzen und die Polikliniken.

Mitunter hat es den Anschein, als mache die einzige Gewißheit in diesem Leben – daß jeder Mensch einmal stirbt, daß jeder Körper einmal Gebrechen aufweist – in Gestalt einer ganz gewöhnlichen Angst auf sich aufmerksam, sobald wir eine Unregelmäßigkeit in unseren Körperfunktionen entdecken. Wir schieben die Last unserer Sterblichkeit auf unseren Körper ab, legen ihn beim geringsten Anlaß in die Hände von Ärzten, an die wir dann hohe Ansprüche stellen. Wir verlangen – sicherheitshalber – von ihnen das Neueste vom Neuen und fühlen uns benachteiligt, wenn uns der letzte Clou vorenthalten wird. Nur das Beste ist gut genug, ist Garantie genug. «Man erlebt auch, daß Patienten gerade dieser technologischen Errungenschaften wegen zum Spezialisten überwiesen werden wollen», sagt Krol, Professor für medizinische Psychologie; seiner Ansicht nach hält der Patient «den Hausarzt mit seinem Stethoskop und seiner Urinuntersuchung für hoffnungslos altmodisch».[35]

Oft werden Medizinsendungen im Fernsehen dafür verantwortlich gemacht, diese Besorgnis um die Gesundheit noch anzuheizen. Zweifellos spielen sie eine Rolle beim Zustandekommen des Schaufenster-Effekts, doch das ist nur die eine Seite der Medaille. Die Beunruhigung über Gebrechen und die Angst vor den wirklich verheerenden Risiken des Alltagslebens werden vom alternativen Sektor kräftig geschürt. In frei Haus verteilten Blättchen kann man gegenwärtig faszinierende Kombinationen lesen. Die Hälfte der Seiten ist für einen «Hausarzt» reserviert, der erst alle erdenklichen Alltagskatastrophen in grellen Farben ausmalt und dann die auf diese Weise erzeugte Unruhe und Angst dadurch beschwört, daß er mit Nachdruck Nahrungsergänzungen, Gesundheitsarmreifen oder Enzymtabletten empfiehlt. Auf der zweiten Hälfte der Seiten wiederholt der Produzent des betreffenden Mittels das Ganze noch mal. In dem gratis verteilten Blättchen *Zondag* beginnt «Hausarzt» Simon Couvee seine Rubrik mit den Worten: «Non-stop fernsehen, ununterbrochen bei Kunstlicht (Neonbeleuchtung, Halogenlampen) an Bildschirmen arbeiten, nächtliche Autofahrten – unsere Augen werden konstant überstrapaziert. Aber auch durch zunehmende Umweltverschmutzung, radioaktive Strahlung, Lasershows in Diskotheken und, nicht zu vergessen, grelles Sonnenlicht (Urlaub, Wintersport) leidet unser Sehvermögen. Im Gegensatz zur Haut gibt es für die Augen praktisch keinerlei Schutz. Ja, die Sonnenbrille, aber die tragen wir nicht das ganze Jahr. Außerdem schaden die üblichen Sonnenbrillen unseren Augen mehr, als daß sie sie schützen.»[36] Kein Problem, der «Hausarzt» weiß Rat, er gibt seinem Artikel vorsorglich schon mal die beruhigende Überschrift «Perfekte Nahrungsergänzung für Ihre Augen» und widmet dann drei Viertel seines Textes dem «heilsamen Effekt» von Eyecaps. Benutzen Sie Eyecaps, ergänzt der Produzent Biofarma auf dem verbleibenden Teil der Seite und wirbt mit dem Slogan: «Die perfekte Nahrungsergänzung für Ihre Augen!»

Die Unsicherheit der Leute – bin ich bereits Patient oder noch nicht; muß ich mich nicht zusätzlich schützen, wie risikoreich ist doch das Leben, und bald werde ich sterben – macht sie nicht nur zu anspruchsvollen Konsumenten, sondern auch zum Spielball von Quacksalbern.

Die Grenzen des Machbaren

Ein wichtiger Nährboden für den alternativen Sektor, auf dem Quackdenker und Quacksalber leider so gut gedeihen, ist die Kritik an der Schulmedizin. Sie sei zu technologisch, sehe nicht den Menschen als Ganzes, sei nicht umfassend genug, da zu einseitig auf Leiden und Krankheiten ausgerichtet, weigere sich infolge fortgeschrittener Gesichtsfeldverengung durch naturwissenschaftliche Scheuklappen, die Verdienste andersgearteter Behandlungsmethoden anzuerkennen, verursache mit all den vielen chemischen Präparaten Nebenwirkung um Nebenwirkung und habe außerdem ein finanzielles Interesse an ihrem eigenen Fortbestand. Diese Kritik ist zwar häufig stark überzogen, findet aber trotzdem offene Ohren. Von fünf Patienten, die einen Hausarzt aufsuchen, zieht einer auch alternative Heiler zu Rate. Der Umsatz dieses Sektors liegt in den Niederlanden bei derzeit schätzungsweise 600 Millionen Gulden (umgerechnet ca. 540 Mio. DM – Anm. d. Ü.) pro Jahr und nimmt rasch zu. Pro Jahr werden etwa 120 Millionen Gulden (ca. 108 Mio. DM) beim Verkauf homöopathischer Mittel umgesetzt; damit gehört dieser Zweig der pharmazeutischen Industrie zu den am schnellsten wachsenden.

Ohne nun blindes Vertrauen zur Schulmedizin propagieren zu wollen: Das Repertoire der Ärzte ist das Ergebnis eingehender wissenschaftlicher und empirischer Forschung, wird in der Praxis erprobt und getestet und ist Gegenstand öffentlicher Diskussionen. Ärztliches Handeln ist das Ergebnis jahrelanger Versuche, Kontrolle und – manchmal verzögerter – Korrektur. Bei den Alternativen ist dies ein großer Schwachpunkt. Außerdem ist sich die Medizin ihrer Beschränkungen weitgehend bewußt.

Ein tiefer liegender Nährboden für den alternativen Sektor ist die Angst vor dem Tod, die Angst vor körperlichem Versagen. Mit all ihrer Kritik bestätigen alternative Heiler das Bild, das die Mediziner so gern ablegen wollen: das unmögliche Ideal permanenter Gesundheit, die für jeden erreichbar sei. Sie ergehen sich in – nur teilweise gerechtfertigter – Kritik an der medizinischen Welt und malen deren Unzulänglichkeiten in grellen Farben aus, stärken ihrerseits jedoch den Glauben der Öffentlichkeit, permanente Gesundheit sei für jedermann machbar und erreichbar – wir bräuchten nur einen anderen Weg einzuschlagen. Natürlich, so hält der alternative Sektor seiner Klientel vor, sei es bei einer derart eingeengten Sicht auf den Menschen auch kein Wunder, daß Sie nicht geheilt werden konnten. Mit unseren Methoden dagegen... Eine Heilung sei jederzeit für jedermann möglich; es komme nur darauf an, intensiv genug nach der richtigen Behandlung, dem richtigen Weg zu suchen. Das schürt das latente Schuldgefühl, das kranke Menschen manchmal haben, nur noch mehr: Ich habe nicht ausdauernd genug gesucht, noch nicht alles ausprobiert.

Früher mußte man sich mit den Launen, den Unzulänglichkeiten und Störungen des Körpers abfinden – das war nicht leicht und gelang auch bei weitem nicht jedem. Heute dagegen kann man den Moment, in dem man einsieht, daß man die Launen seines Körpers vielleicht akzeptieren muß, dadurch immer wieder hinausschieben, daß man es mit noch einer Kur, noch einer Behandlung, noch einem Therapeuten versucht, daß man erst den regulären Medizinbetrieb durchläuft, danach endlos im alternativen Bereich sucht – und als Folge dieser Flucht nach vorn braucht man sich die Notwendigkeit, sich mit den Tatsachen abzufinden, nicht einzugestehen.

Medizinische Behandlungen und Untersuchungen bedeuten in gewisser Weise eine Beschwörung unserer Angst. Sie eröffnen eine Perspektive, beinhalten ein Versprechen auf Heilung; Gewißheit gibt es nie, und die nächste Untersuchung führt vielleicht schon zu einem etwas positiveren Ergebnis. Abram de Swaan hat dieses Phänomen einmal als System der Hoffnung bezeichnet. «Den Patienten bietet die Behandlung von Anfang an eine Möglichkeit, mit ihrem Leiden und ihren Ängsten zu leben. Es läßt sich etwas unternehmen gegen diesen angstmachenden Krankheitsprozeß, es gibt Fachleute dafür, Behandlungsmethoden, Krebsinstitute. Die Behandlung eröffnet auch eine zeitliche Perspektive: An die Stelle des drohenden Gefühls eines Schicksals, das irgendwann seinen Lauf nehmen wird, tritt ein strukturierter Ablauf mit Überweisungen und Eingriffen zu festgesetzten Zeiten. Damit heißt es nicht mehr, warten bis zum schrecklichen Ende, sondern abwarten, wie in zwei Wochen das Ergebnis des Eingriffs aussieht. An die Stelle des angsteinflößenden Schicksals treten günstige und ungünstige Mitteilungen über die Ergebnisse der einzelnen Therapien: Die Behandlung spaltet das ‹Schicksal› in eine Anzahl guter und schlechter Ergebnisse auf, und zwar innerhalb eines geordneten und begrenzten zeitlichen Rahmens. Mit diesem Behandlungsprogramm wird der Gedanke an den Tod immer wieder hinausgeschoben.»[37]

Das heutige Image der Medizin ist, daß sie alles vermag. Mit diesem Glauben im Hinterkopf landen Menschen beim Arzt und werden enttäuscht, wenn das tatsächlich Machbare nicht diesem Image entspricht oder nicht schnell genug zu den gewünschten Resultaten führt. «Es wird nicht akzeptiert, daß bestimmte Krankheiten nicht zu heilen sind, daß Krankheit und Verfall genauso zum Leben gehören», konstatiert der Vorsitzende des Niederländischen Hausärzteverbands.[38] Aus Beunruhigung oder Verzweiflung suchen Patienten nach anderen Lösungen; sie landen im alternativen Sektor, der genau dieses Image der Allmacht noch einmal poliert. Am Ende steht eine verkappte Palastrevolution. In einmütiger Zusammenarbeit von Patienten, alternativen Heilern und – bemerkenswerterweise – auch Ärzten demontieren wir nach und nach den Thron des Arztes als Gott und Erlöser. Der alternative Heiler weigert sich allerdings, die Monarchie abzuschaffen, und schwingt sich selbst auf den göttlichen Thron.

Die eingangs besprochenen Bücher beinhalten nicht umsonst den Versuch, die alte Arbeitsteilung aufzuheben, wonach der Arzt sich um den Körper kümmert und der Priester um die Seele. Die Ohrenmafia möchte den Priester sogar zum Heiler machen –

ein Wunsch, der angesichts des religiösen Hintergrunds, den viele von ihnen haben, nicht verwundert –, doch es kommt, wie ich meine, nun gerade darauf an, von unserem uneingeschränkten Glauben an Heilung abzulassen. In den Worten Yolan Kosters, des ehemaligen Vorsitzenden des Niederländischen Patienten/Konsumenten-Forums: «Indem wir immer wieder neue Heilmethoden suchen und anbieten, lernen wir immer weniger, Beschwerden und Krankheiten als Teil unseres Lebens zu betrachten. Es ist das gleiche wie bei eingewachsenen Nägeln: Man schneidet und schneidet und wird doch weiter geplagt.»[39]

Eine schwerwiegende körperliche Störung macht naturgemäß Angst, bringt einen aus dem Gleichgewicht und beunruhigt. Dies jedoch um so mehr, als nahezu jedermann glaubt, Gesundheit sei die selbstverständliche Norm und der Körper eine Bastion: eine sichere, uneinnehmbare Festung, die, sofern sie gut unterhalten wird, noch lange nicht wanken wird. Krankheit entkräftet diesen Gedanken, entlarvt ihn als Illusion. Unser Körper ist anfälliger und verletzbarer, als uns lieb ist.

Die Crux an jeder schweren Erkrankung ist, daß – manchmal sehr plötzlich – ein Bruch zwischen Körper und Geist entsteht. Was man will, *geht* einfach nicht mehr immer. Von der so selbstverständlichen Harmonie, mit der man seinen Körper gewöhnlich erlebt – eine Harmonie, die trotz eventueller Unzufriedenheit über Äußerlichkeiten auf funktioneller Ebene dennoch vorhanden ist – bleibt nicht mehr viel übrig. Viele Dinge, wie zum Beispiel Aufstehen, werden zu einem regelrechten Unterfangen, von Selbstverständlichkeit keine Spur mehr: Wo setze ich den Fuß hin, wo kann ich mich mit den Händen abstützen, um mein Gewicht zu verteilen, habe ich so genügend Halt, tragen meine Knie mich oder lassen sie mich im Stich? Handgriffe, die bislang als Automatismen empfunden wurden, müssen jetzt wohlüberlegt und bedacht ausgeführt werden – es werden Willensakte anstatt gedankenlos ausgeführter Bewegungen.

Die Kluft, die zwischen dem Willen und den physischen

Möglichkeiten entsteht, weitet sich zum Abgrund. Einem Abgrund, in den ein kranker Mensch leicht stürzen kann, es sei denn, er schafft es, eine Brücke zu schlagen. Die Ohrenmafia versucht dieses Problem zu lösen, indem sie den Körper ignoriert: Es gibt keinen Abgrund, denn es gibt keine gegenüberliegende Seite. Das freilich ist nicht die einzige Option.

Viele Menschen zeigen, daß sie imstande sind, einen neuen Kompromiß zu schließen, indem sie sich aufs neue mit den Eigenarten ihres Körpers vertraut machen; sie haben einen Weg gefunden, mit der Diskrepanz zwischen Wollen und Können umzugehen. Bei vielen behinderten oder chronisch kranken Menschen zeigt sich, daß sie durch eine gewisse Kultivierung der Kluft zwischen Wollen und Können einen neuen Halt gefunden haben. Sie wahren eine Art von Distanz zu ihrem Körper, die sich für sie als Hilfe erweist: ein gewisser Grad von Loslösung, der aufzeigt, wie eine Aussöhnung erreicht werden kann.

Nicht *ich* bin krank, sondern mein Körper.

LITERATUR

Die Ohrenmafia

Thorwald Dethlefsen und Rüdiger Dahlke: *Krankheit als Weg. Deutung und Be-Deutung der Krankheitsbilder.* München 1989

Louise L. Hay: *Gesundheit für Körper und Seele. Wie Sie durch mentales Training Ihre Gesundheit erhalten und Krankheiten heilen.* München 1989

Louise L. Hay: *Umkehr zur Liebe, Rückkehr zum Leben. Ein Buch zur Selbsthilfe.* München 1989

Dr. Joseph Murphy: *Die Macht Ihres Unterbewußtseins. Das große Buch innerer und äußerer Entfaltung.* Genf/München 1967

Dr. C. Norman Shealy und Caroline M. Myss: *Intuitieve diagnose in de geneeskunde. Een creatieve visie op gezondheid.** Deventer 1990

Dr. C. Norman Shealy und Caroline M. Myss: *Creatief omgaan met ziekte en gezondheid. Intuitieve diagnose in de geneeskunde II.** Deventer 1990

Dr. Bernie Siegel: *Prognose Hoffnung. Heilerfolge aus der Praxis eines mutigen Arztes.* Düsseldorf/Wien/New York 1988

Ted Troost: *Het lichaam liegt nooit.* Weesp 1988

---

* Engl. Originaltitel: *The Creation of Health. Part I and II.* Stillpoint Publishing, Walpole 1990 (Die Seitenzahlen in den Anmerkungen beziehen sich auf die niederländische Ausgabe! Anm. d. Ü.)

Krankheit als Schuld?

Gon Buurman (Fotos) und Karin Spaink (Text): *Aan hartstocht geen gebrek. Handicap, erotiek en lichaamsbeleving.* Amsterdam 1991

Douglas R. Hofstadter: *Gödel, Escher, Bach. Ein Endloses Geflochtenes Band.* Stuttgart 1985

Douglas R. Hofstadter und Daniel C. Dennett (Hg.): *Einsicht ins Ich.* München

J. W. Nienhuys (Red.): *Skeptische Notities 4. Alternatieve geneeskunde – geen kunst? Lezingen gehouden tijdens het tweede jaarcongres van de stichting Skepsis op 11 november 1989 te Amersfoort.* Utrecht 1989

Robert Ornstein und David Sobel: *The Healing Brain. Breakthrough Discoveries About How the Brain Keeps Us Healthy.* New York 1987

Renate Rubinstein: *Sterben kann man immer noch. Notizen von einer Krankheit.* Frankfurt am Main 1987

Susan Sontag: *Krankheit als Metapher.* Frankfurt am Main 1981

Piet Vroon und Douwe Draaisma: *De mens als metafoor. Over vergelijkingen van mens en machine in filosofie en psychologie.* Baarn 1985

Piet Vroon: *Drei Hirne im Kopf. Warum wir nicht können, wie wir wollen.* Zürich 1993

Piet Vroon: *Kopzorgen.* Baarn 1990

ANMERKUNGEN

Die Ohrenmafia

1. Siehe auch Hans Crombach, *Ziekte als misdrijf*. Vortrag, gehalten in De Balie am 10. Okt. 1991.
2. Die Passagen über Entfremdung und Enteignung sind aus dem Kapitel «Buitenstaanders» des Buches *Aan hartstocht geen gebrek* entlehnt.
3. Ted Troost, S. 27.
4. Ted Troost, S. 144.
5. Dethlefsen & Dahlke, S. 105.
6. Dethlefsen & Dahlke, S. 103–104.
7. Bernie Siegel, S. 101–102.
8. Shealy & Myss, Bd. I, S. 128.
9. Louise Hay, S. 167.
10. Joseph Murphy, S. 52.
11. Bernie Siegel, S. 11; S. 139.
12. Bernie Siegel, S. 170.
13. Bernie Siegel, S. 111
14. Shealy & Myss, Bd. I, S. 38.
15. Ted Troost, S. 146.
16. Ted Troost, S. 115–126.
17. Ted Troost, S. 33; S. 109.
18. Joseph Murphy, S. 18.
19. Louise Hay, S. 27.
20. Joseph Murphy, S. 123; Louise Hay, S. 158; S. 159.
21. Joseph Murphy, S. 114–115.
22. Louise Hay, S. 162.
23. Shealy & Myss, Bd. I, S. 96–97.
24. Joseph Murphy, S. 86.
25. Renate Dorrestein, «Heimwee naar mezelf», *Opzij*, Okt. 1991.
26. Dethlefsen & Dahlke, S. 59–60; S. 205.
27. Louise Hay, S. 17; S. 64–65.
28. Joseph Murphy, S. 24–25.
29. Joseph Murphy, S. 140.

30 Dethlefsen & Dahlke, S. 286; S. 229.
31 Joseph Murphy, S. 52.
32 Bernie Siegel, S. 128.
33 Bernie Siegel, S. 126.
34 Shealy & Myss, Bd. I, S. 35.
35 Shealy & Myss, Bd. II, S. 75.
36 Shealy & Myss, Bd. I, S. 149.
37 Dethlefsen & Dahlke, S. 19; S. 106.
38 Dethlefsen & Dahlke, S. 26.
39 Louise Hay, S. 168.
40 Louise Hay, S. 159.
41 Dethlefsen & Dahlke, S. 114; S. 126.
42 Zitate entlehnt aus Shealy & Myss, Bd. I, S. 180–182.
43 Zitate entlehnt aus Dethlefsen & Dahlke, S. 354–356.
44 Zitate entlehnt aus Louise Hay, *Gesundheit für Körper und Seele*, S. 181; *Umkehr zur Liebe, Rückkehr zum Leben*, S. 193.
45 In: «Het onverwachte rendez-vous van de Franse filosoof met een Amerikaanse genezeres», *De Groene Amsterdammer*, 1. Nov. 1989.
46 Louise Hay, *Gesundheit für Körper und Seele*, S. 194–199.
47 Dethlefsen & Dahlke, S. 341.
48 Dethlefsen & Dahlke, S. 357.
49 Louise Hay, *Gesundheit für Körper und Seele*, S. 26–27; S. 39.
50 Louise Hay, *Gesundheit für Körper und Seele*, S. 282.
51 Shealy & Myss, Bd. I, S. 183–184.
52 Shealy & Myss, Bd. II, S. 38.
53 Siehe ihr Buch *De mens als metafoor*.
54 Dethlefsen & Dahlke, S. 279–281.
55 Dethlefsen & Dahlke, S. 243–244.
56 Dethlefsen & Dahlke, S. 248.
57 Dethlefsen & Dahlke, S. 228–229.
58 Joseph Murphy, S. 101.
59 Ted Troost, S. 141.
60 Joseph Murphy, S. 47.
61 Dethlefsen & Dahlke, S. 17.
62 Louise Hay, S. 21.
63 Dethlefsen & Dahlke, S. 122.
64 Shealy & Myss, Bd. I, S. 122.
65 Dethlefsen & Dahlke, S. 122.
66 Ted Troost, S. 133.
67 Dethlefsen & Dahlke, S. 118.

68 Dethlefsen & Dahlke, S. 62; S. 152.
69 Ted Troost, S. 111–113.
70 Dethlefsen & Dahlke, S. 370; Kursivierung von K. S.
71 Shealy & Myss, Bd. I, S. 30.
72 Bernie Siegel, S. 142.
73 Bernie Siegel, S. 61.
74 Bernie Siegel, S. 138–139.
75 Bernie Siegel, S. 181.
76 Bernie Siegel, S. 117.
77 Louise Hay, S. 191.
78 Louise Hay, S. 191.
79 Ted Troost, S. 146.
80 Dethlefsen & Dahlke, S. 26.
81 Dethlefsen & Dahlke, S. 143–144.
82 Dethlefsen & Dahlke, S. 111.
83 Dethlefsen & Dahlke, S. 293.
84 Dethlefsen & Dahlke, S. 293–294.
85 Dethlefsen & Dahlke, S. 355.
86 Joseph Murphy, S. 32.
87 Joseph Murphy, S. 44; Louise Hay, S. 73.
88 Joseph Murphy, S. 46.
89 Bernie Siegel, S. 124.
90 Louise Hay, S. 40.
91 Louise Hay, S. 262.
92 Bernie Siegel, S. 239.
93 Joseph Murphy, S. 90; S. 101.
94 Dethlefsen & Dahlke, S. 7.
95 Joseph Murphy, S. 92.
96 Joseph Murphy, S. 149.
97 Shealy & Myss, Bd. I, S. 120.
98 Louise Hay, S. 128.
99 Louise Hay, S. 38.
100 Der Psychologe Ten Kroode untersuchte die Bedeutung, die Krebs-, Herzinfarkt- und MS-Patienten ihrer Krankheit beimaßen, und setzte das Ergebnis in Zusammenhang mit ihrer Selbstachtung. In einigen Fällen stellten die Betreffenden einen direkten Bezug zu besonderen Ereignissen in ihrem Leben, wie z. B. dem Krieg her. Herzinfarkt-Patienten erblickten in ihrem Leiden häufig ein Argument zur Stärkung ihrer Selbstachtung: Der Infarkt sei der Beweis dafür, daß sie hart und intensiv gearbeitet hätten. Ursachen, die die Betreffenden selbst als Erklä-

rung für ihre Krankheit nannten und aus denen sie eine Verhaltensperspektive für die Zukunft gewinnen konnten – wie schlechte Eßgewohnheiten, die sich in gute ändern lassen –, trugen offenbar zur Selbstachtung bei. Vor allem, weil dadurch trotz des Bruchs, den die Krankheit im Leben bewirkt, ein Gefühl der Kontinuität zustandekam: Die Krankheit wird gleichsam überbrückt durch ein Verhalten, das zuerst negativ war und jetzt positiv wurde. Ten Kroodes Untersuchung ist dargestellt in «Ziekte en zelfrespect», *NRC Handelsblad*, 17. Jan. 1991.

Krankheit als Schuld?

[1] Robert Ornstein & David Sobel, *The Healing Brain*, S. 31.
[2] «Ongezond leven mag bestraft worden van meeste Nederlanders», *de Volkskrant*, 9. Nov. 1991.
[3] «Weegschaal en asbak niet langer privé-terrein», *de Volkskrant*, 18. Nov. 1991.
[4] Für Kritik an bedenkenlosem Gebrauch von Nahrungsergänzungsstoffen siehe: Lucas Reijnders, *De vitaminecultus*, Amsterdam 1990.
[5] *de Volkskrant* vom 6. Febr. 1992 brachte einen Bericht über einen Artikel aus dem *Farmaceutisch Weekblad* über homöopathische Arzneimittel. Cadmium Sulfuricum D3 des Herstellers VSM enthält 438 mg Cadmium pro Gramm; unter Zugrundelegung der empfohlenen Dosierung von 125 bis 250 Mikrogramm dreimal täglich ergibt das 164 bis 328 Mikrogramm pro Tag. Das liegt weit über der von der WHO und FAO festgelegten Grenze und kann u.a. zu Nierenschädigungen führen. Der Verfasser des Artikels ist der Ansicht, daß auch andere homöopathische Mittel an die Grenzwerte für Schwermetalle herankommen bzw. sie überschreiten.
[6] Untersuchungsergebnisse entlehnt aus Robert Ornstein & David Sobel, *The Healing Brain*, S. 164–166.
[7] Eine andere Erklärung, die man ebenfalls hört, ist das Gefühl, für sein Haustier verantwortlich zu sein.
[8] Menschen, die lange Zeit einer Gefahr ausgesetzt sind und daher ständig in Alarmbereitschaft sein müssen, produzieren erheblich mehr Neurotransmitter als Menschen, die ruhiger leben. Nach einiger Zeit läßt diese erhöhte Produktion nach, wahrscheinlich weil sie zuviel Energie kostet; die Alarmbereitschaft bleibt trotzdem bestehen, weil sich mehr Rezeptoren für Neurotransmitter bilden. Wenn diese Menschen später

in einer ruhigeren Situation leben, zeigt sich, daß sie überempfindlich reagieren. Die Zahl der Rezeptoren ist bei ihnen noch immer höher als im Durchschnitt, so daß bereits eine geringe Menge Neurotransmitter eine heftige Reaktion auslöst. Siehe «Het chemisch regelen van de menselijke geest», *de Volkskrant*, 28. April 1990.

[9] Piet Vroon, *Kopzorgen*, S. 26. Die Außentemperatur kann die gleiche Wirkung haben. In den Vereinigten Staaten werden bei Temperaturen um 33 Grad Celsius mehr Morde begangen und Schlägereien registriert als bei jeder anderen Temperatur.

[10] «Invloed psyche op kanker kan een factor zijn», *NRC Handelsblad*, 18. Febr. 1992.

[11] Einige Untersuchungen widersprechen sogar der These, derzufolge Reaktionsmuster die Entstehung und den Verlauf von Krebs beeinflussen. Und viele Untersuchungen, die diese These stützen, sind methodisch fragwürdig. Die jüngste Kontroverse um das Werk von Eysenck und Grossarth-Maticek übertraf alles: Sie hatten einen Zusammenhang zwischen psychotherapeutischer Behandlung und Heilungschancen bei Krebs und Herzleiden nachgewiesen. Bei einer genaueren Untersuchung ihrer Daten wies van der Ploeg, niederländischer Professor für medizinische Psychologie, nach, daß mit den Daten manipuliert worden war. Todesursachen waren nicht korrekt angegeben worden, Antworten von Probanden vertauscht. Siehe: «Er is gesjoemeld met rapport Eysenck», *de Volkskrant,* 10. Febr. 1992.

[12] Robert Ornstein & David Sobel, *The Healing Brain*, S. 151.

[13] Siehe Piet Vroon, *Kopzorgen*, S. 15–17.

[14] Frits van Dam, Leiter der sozial-medizinischen Abteilung des Antonie-van-Leeuwenhoek-Krankenhauses, in einem Vortrag mit der Überschrift «Genezing tot elke prijs», zitiert in einem Interview in *NRC Handelsblad,* 27. Jan. 1990.

[15] Gerade die regelmäßige Verabreichung von Penicillin hat zur Folge, daß immer mehr Bakterienstämme resistent werden. Dann muß ein neuer Penicillintyp gesucht werden, gegen den der Stamm noch keine Resistenz aufgebaut hat. Deshalb sind die Ärzte inzwischen sehr zurückhaltend beim Verordnen von Penicillin: Wäre man bei der früheren Praktik geblieben, so hätten wir Schätzungen zufolge bereits um die Jahrhundertwende sämtliche Penicillinarten verbraucht und würden wieder mit leeren Händen dastehen.

[16] In den fünfziger Jahren wurde die Wirkung von Placebo-Operationen erforscht: Bei Patienten, bei denen eine Ader in der Brust abgebunden werden sollte, um Herzbeschwerden zu beseitigen, wurde das bei der

einen Hälfte tatsächlich getan. Die andere Hälfte wurde lediglich aufgeschnitten und wieder zugenäht. Das Ergebnis war bei beiden Gruppen gleich. Siehe Robert Ornstein & David Sobel, *The Healing Brain,* S. 80.

17 Eine Studie verglich die Berichte von Patienten, die einen Koronararterien-Bypass erhalten hatten, mit den Ergebnissen verschiedener Untersuchungen bei diesen Patienten. Von denjenigen, die von einer Besserung ihres Befindens durch die Operation berichteten, wiesen lediglich zwanzig Prozent eine bessere Herzfunktion auf. Bei sechzig Prozent hatte sich das Ergebnis im Vergleich zu der Situation vor der Operation nicht verändert, und weiteren zwanzig Prozent ging es objektiv schlechter als vor dem Eingriff. Siehe Robert Ornstein & David Sobel, *The Healing Brain,* S. 81.

18 «Dialoog tussen lichaam en geest», *de Volkskrant,* 12. Okt. 1991.

19 In Diskussionen über die Stellung des Arztes wird dieser mit einiger Regelmäßigkeit mit dem Klempner verglichen. Ein netter Vergleich, der allerdings wenig stichhaltig ist. Der Klempner braucht wesentlich weniger schwerwiegende Diagnosen zu stellen und Prozesse zu betreuen.

20 Beispiele entlehnt aus Piet Vroon, *Drei Hirne im Kopf,* S. 85–86.

21 «Studie: psychotherapie kan leven bij kanker verlengen», *NRC Handelsblad,* 18. Okt. 1989.

22 «Alternatieve aanpak borstkanker schaadt patienten», *de Volkskrant,* 22. Sept. 1990. Vielleicht gaben diese Frauen aber auch jeglichen Einfluß aus der Hand, indem sie sich einer von außen auferlegten Ordnung unterwarfen, was den Unterschied zwischen beiden Studien erklären könnte.

23 Siehe Gon Buurman & Karin Spaink, *Aan hartstocht geen gebrek.*

24 «Balans tussen geest en lichaam als wapen tegen kanker», *de Volkskrant,* 13. Okt. 1990.

25 So ist ein Mensch mit einer chronischen Krankheit keineswegs immer auch chronisch krank. Er hat sich so weitgehend daran gewöhnt, was objektiv betrachtet «schlechtes Funktionieren» ist, daß er diese Situation inzwischen als normal und sich damit als (subjektiv gesehen) gesund empfindet. Ein Mensch mit schwerer Grippe ist subjektiv kränker als jemand mit einer stabilen Form von Zuckerkrankheit. Umgekehrt gibt es Menschen, denen objektiv betrachtet keinerlei Störung anzusehen ist, die sich aber trotzdem miserabel fühlen. Der Unterschied zwischen subjektiver und objektiver Gesundheit ist ein bekanntes Spannungsfeld im Verhältnis Arzt–Patient.

26 Die Selbstachtung von Menschen mit einer schweren, lebensbedrohlichen Krankheit hängt Ten Kroode zufolge eng mit dem Fehlen von

Schuld- und Schamgefühlen in bezug auf die Krankheit zusammen. Siehe «Ziekte en zelfrespect», *NRC Handelsblad,* 17. Jan. 1991.

[27] Marco de Vries: «Invloed psyche op kanker kan een factor zijn», *NRC Handelsblad,* 18. Febr. 1992.

[28] «Overleven met kanker», *NRC Handelsblad,* 27. Jan. 1990.

[29] Crombach und van Dun, zitiert in *De Helling,* Jahrgang 1991, Nr. 4.

[30] Renate Rubinstein, *Sterben kann man immer noch,* S. 46–47.

[31] Renate Dorrestein, «Heimwee naar mezelf», *Opzij,* Okt. 1991.

[32] Entnommen aus dem Bericht *Medisch handelen op een tweesprong* des Gesundheitsrats. Der Bericht wurde besprochen in «Snijden betaalt nu eenmaal beter dan praten», *de Volkskrant,* 19. Febr. 1992.

[33] Piet Vroon, «Terugtreden», *de Volkskrant,* 24. Febr. 1990.

[34] NIVEL-Studie, durchgeführt im Auftrag des Niederländischen Hausärzteverbands. Siehe: «Huisartsen knappen steeds vaker af», *de Volkskrant,* 25. Febr. 1992.

[35] «Patient eist steeds vaker goede resultaten van behandelend arts», *de Volkskrant,* 22. April 1989.

[36] «Perfect voedingssupplement voor je ogen», *Zondag,* 1. März 1992.

[37] Abram de Swaan, *De mens is de mens een zorg,* Meulenhoff, Amsterdam 1982, S. 174.

[38] «Patient eist teveel van medische zorg», *de Volkskrant,* 27. Juli 1991.

[39] «Als je een wratje hebt, hup, naar de dokter», *NRC Handelsblad,* 2. Juni 1990.

Körper und Gesundheit

Frederic F. Flach
Depression als Lebenschance
Seelische Krisen und wie man sie nutzt
(rororo sachbuch 7168)

Jennifer James
Trübe Tage *Wege aus dem weiblichen Stimmungstief*
(rororo sachbuch 8840)
Dieses leicht zugängliche, praktische Buch wendet sich an alle Frauen, die sporadisch in leichte Depressionen verfallen und immer wieder von Melancholie und Mutlosigkeit eingeholt werden und beschreibt mit Humor und Selbstironie wie "frau" dagegen angehen kann.

Was wir alles schlucken *Zusatzstoffe in Lebensmitteln*
Herausgegeben von der KATALYSE Institut für angewandte Umweltforschung
(rororo sachbuch 8465)

Gunter Schmidt
Das große Der Die Das *Über das Sexuelle*
(rororo sachbuch 8459)

Dagobert Tausch
Taschenlexikon der Medizin *Über 17.000 Namen, Begriffe und Methoden aus allen Bereichen der Medizin - präzise und allgemeinverständlich erklärt*
(rororo sachbuch 6285)

H. Hemminger / V. Becker
Wenn Therapien Schaden
Kritische Analyse einer psychotherapeutischen Fallgeschichte
(rororo sachbuch 9137)

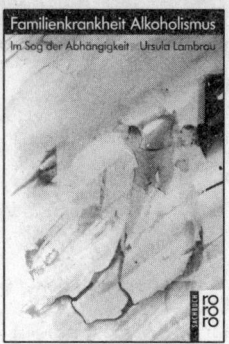

Ursula Lambrou
Familienkrankheit Alkoholismus
Im Sog der Abhängigkeit
(rororo sachbuch 8771)
Alkoholismus ist eine Familienkrankheit: Erst langsam wird die volle Bedeutung dieses Satzes auch hierzulande einer breiteren Öffentlichkeit bewußt. Die Autorin, Pädagogin mit psychologischer Ausbildung in den USA, hat das erste deutsche Buch zu diesem wichtigen Thema geschrieben.

Inge Nordhoff / "pro familia"
Wenn Mädchen die Pille wollen ...
Alles über Liebe, Sexualität, Verhütung
(rororo sachbuch 7930)

Sämtliche Bücher und Taschenbücher zum Thema finden Sie in der *Rowohlt Revue*. Jedes Vierteljahr neu. Kostenlos in Ihrer Buchhandlung.

rororo sachbuch

Psychologie und Lernen

L. Ashner / M. Meyerson
Wenn Eltern zu sehr lieben
(rororo sachbuch 9359)

George R. Bach / Laura Torbet
Ich liebe mich - ich hasse mich
Fairness und Offenheit im Umgang mit sich selbst
(rororo sachbuch 7891)

Nathaniel Branden
Liebe für ein ganzes Leben
Psychologie der Zärtlichkeit
(rororo sachbuch 7867)

Kathleen Gose/Gloria Levi
Wo sind meine Schlüssel?
Gedächtnistraining in der zweiten Lebenshälfte
(rororo sachbuch 8756 und als Großdruckausgabe 33109-8)

Thomas A. Harris
Ich bin o.k. - Du bist o.k.
Wie wir uns selbst besser verstehen und unsere Einstellung zu anderen verändern können - Eine Einführung in die Transaktionsanalyse
(rororo sachbuch 6916)

Raymond Hull
Alles ist erreichbar *Erfolg kann man lernen*
(rororo sachbuch 6806)

Gerhard Krause
Positives Denken - der Weg zum Erfolg *13 Bausteine für ein erfülltes Leben*
(rororo sachbuch 7952)

Abraham H. Maslow
Motivation und Persönlichkeit
(rororo sachbuch 7395)

Erhard Meueler
Wie aus Schwäche Stärke wird
Vom Umgang mit Lebenskrisen
(rororo sachbuch 8540)

John Selby
Einander finden *Übungen zur Psychologie der Begegnung in Freundschaft, Beruf und Liebe*
(rororo sachbuch 7991)

Martin Siems
Dein Körper weiß die Antwort
Focusing als Methode der Selbsterfahrung - Eine praktische Anleitung
(rororo sachbuch 7968)

Frauke Teegen / Anke Grundmann / Angelika Röhrs
Sich ändern lernen *Anleitungen zur Selbsterfahrung und Verhaltensmodifikation*
(rororo sachbuch 6931)

Weitere Bücher und Taschenbücher zum Thema finden Sie in der *Rowohlt Revue*. Jedes Vierteljahr neu. Kostenlos in Ihrer Buchhandlung.

rororo sachbuch

Psychologie und Lernen

Harold H. Bloomfield
Das Achilles-Syndrom *Wie man Schwächen in Stärken umwandelt*
(rororo sachbuch 8091)

Nathaniel Branden
Ich liebe mich auch *Selbstvertrauen lernen*
(rororo sachbuch 8486)

David Cooper
Der Tod der Familie *Ein Plädoyer für eine radikale Veränderung*
(rororo sachbuch 8560)

Wayne W. Dyer
Der wunde Punkt *Die Kunst, nicht unglücklich zu sein. Zwölf Schritte zur Überwindung seelischer Problemzonen*
(rororo sachbuch 7384)

Luise Eichenbaum / Susie Orbach
Was wollen die Frauen? *Ein psychotherapeutischer Führer durch das Labyrinth von Wünschen, Ängsten und Sehnsüchten in Liebesdingen*
(rororo sachbuch 7967)

Erich Fromm
Anatomie der menschlichen Destruktivität
(rororo sachbuch 7052)
Märchen Mythen, Träume *Eine Einführung in das Verständnis einer vergessenen Sprache*
(rororo sachbuch 7448)

Klaus D. Heil
Programmierte Einführung in die Psychologie *Ein Lernprogramm*
(rororo sachbuch 6930)

Muriel James / Dorothy Jongeward
Spontan leben *Übungen zur Selbstverwirklichung*
(rororo sachbuch 8301)

Hans-Peter Nolting
Lernfall Aggression *Wie sie entsteht - Wie sie zu vermindern ist. Ein Überblick mit Praxisschwerpunbkt Alltag und Erziehung*
(rororo sachbuch 8352)

Friedemann Schulz von Thun
Miteinander reden 1 *Störungen und Klärungen. Allgemeine Psychologie der Kommunikation*
(rororo sachbuch 7489)
Miteinander reden 2 *Stile, Werte und Persönlichkeitsentwicklung. Differentielle Psychologie der Kommunikation*
(rororo sachbuch 8496)

Dieter E. Zimmer
Tiefenschwindel *Die endlose und die Beendbare Psychoanalyse*
(rororo sachbuch 8775)

rororo sachbuch